DERROTA EL AUTO-SABOTAJE

CÓMO CREAR UNA MENTALIDAD
PARA EL ÉXITO

DERROTA EL AUTO-SABOTAJE

JOHN MASON

WHITAKER
HOUSE
Español

Traducción al español por:
Belmonte Traductores
Manuel de Falla, 2
28300 Aranjuez
Madrid, ESPAÑA
www.belmontetraductores.com

Editado por: Ofelia Pérez

Derrota el auto-sabotaje
Cómo crear una mentalidad para el éxito
© 2022 por John Mason

ISBN: 978-1-64123-869-4
eBook ISBN: 978-1-64123-870-0
Impreso en los Estados Unidos de América

Whitaker House
1030 Hunt Valley Circle
New Kensington, PA 15068
www.whitakerhouse.com

Por favor, envíe sugerencias sobre este libro a: comentarios@whitakerhouse.com.

1 2 3 4 5 6 7 8 9 10 11 �⎰ 29 28 27 26 25 24 23 22

Me enorgullece dedicar este libro a mi bella esposa Linda; a nuestros cuatro hijos: Michelle, Greg, Mike y Dave; a mi mamá, Lorene Mason; a mis dos nueras, Brittany y Kelly; y a mis cinco nietos: Emma, Olivia, Beckett, Darby y Briggs.

A Linda, por tus oraciones, tu risa y tu amor.

A Michelle, por tu fidelidad y firme compromiso a hacerlo bien.

A Greg, por tu profunda fe y tus lecciones de golf.

A Mike, por tu espíritu intrépido y corazón de adorador.

A Dave, por tu espíritu ganador y tu diversión entre "Dave y papá".

A Mamá, por tu amor inagotable y por creer en mí. Papá, ¡te extraño mucho!

A Brittany y Kelley, por su amor por mis hijos, mis nietos (sus hijos) y el Señor.

A Emma, Olivia, Beckett, Darby y Briggs, por la dulzura, la risa, la energía y la abundancia de amor que han aportado a toda nuestra familia.

Su apoyo, su ayuda, su ánimo, su sentido del humor y sus oraciones me sostienen y bendicen cada día.

ÍNDICE

INTRODUCCIÓN

Es el momento de no interponernos y dejar de ser nuestro peor enemigo. Todas las personas del mundo enfrentan este conflicto: la batalla en la mente. Esta guerra se está librando a nuestro alrededor veinticuatro horas al día. A veces puede parecer incesante e injusta. Eso se debe a que el diablo es un mentiroso, y nuestra mente nos puede engañar. La buena noticia es que podemos eliminar el pensamiento tóxico y reemplazarlo por pensamientos saludables.

Colosenses 3:2 nos dice dónde deberíamos poner nuestra mente: en las cosas de arriba. Esta es la verdad: nosotros decidimos lo que pensamos. No tenemos que aceptar o creer cada pensamiento que viene a nuestra mente.

Mediante los pensamientos de ánimo de este libro, deseo ayudarte a descubrir el poder de tener una mentalidad sana y consagrada: actuar, pensar y hablar como Dios quiere que lo hagamos. Si lo haces, podrás encontrar una vida de gozo, una vida de paz con Dios y contigo mismo, y la oportunidad de convertirte en todo aquello que Dios quiso que seas: en definitiva, exitoso. El libro de Proverbios dice: *"Cual es su pensamiento en su corazón, tal es él"* (23:7).

Posiciónate para recibir todos los pensamientos saludables que Dios tiene para ti a través de este libro. Esa es la mentalidad que Él desea para ti y en la que yo mismo trabajo. Anímate; ¡Dios está contigo!

Juntos, ¡derrotemos el autosabotaje!

1

YO FRENTE A MÍ MISMO

No hay nada en el mundo que pueda molestarte más que tus propios pensamientos. Nadie tiene el derecho de hacerte sentir mal, ni siquiera tú mismo.

Khalil Gibran dijo: "Mi enemigo me dijo: 'Ama a tu enemigo'. Y le obedecí y me amé a mí mismo". Mírate al espejo: esa es tu competencia. Tu peor enemigo no puede hacerte tanto daño como tus propios pensamientos sin filtrar.

Yo mantengo a mis amigos cerca y a mis enemigos más cerca aún; esto es fácil para la mayoría de nosotros porque nosotros somos nuestro peor enemigo.

Había terminado mi día en la oficina y me había levantado de mi escritorio para salir del edificio cuando me noté un bulto en la rodilla. El bulto era muy grande y se me notaba, aún con el pantalón puesto, en un lateral de la rótula. Pensé: *¡No me he dado ningún golpe ahí! ¿Qué puede ser?* Comencé a repasar el día en mi mente una y otra vez, convenciéndome de que no me había golpeado la rodilla con nada.

Nunca te lleves a juicio a ti mismo. No metas agua en tu propia barca; la tormenta ya meterá suficiente por sí sola. Y ¿sabías que el gran evangelista Dwight L. Moody dijo: "Nunca he conocido a un hombre que me diera tantos problemas como yo mismo"?

Sabía que no me había golpeado la rodilla con nada, y mientras pensaba en ello, me vino un segundo pensamiento...*Yo he tenido bultos antes, ¡pero este parece distinto! No parece un simple bulto, ¡parece más una masa!*

Tras cinco minutos de pensar así, comencé a imaginarme jugando al golf ¡con una sola pierna! Al pensar incorrectamente, pasé de un *bulto* a una *masa*, ¡y luego a un *muñón*! Solo en cinco minutos.

En ese momento, iba manejando de regreso a casa, y de repente me di cuenta de lo que estaba haciendo. Dije en voz alta: "John, ¡eres un estúpido! Te doy gracias, Dios, que por la llaga de Jesús he sido sanado. Tu Palabra dice que los creyentes pueden imponer sus manos sobre los enfermos, ¡y sanarán!". Puse la mano sobre mi rodilla e hice una oración, y cuando llegué a casa, el bulto ya no estaba. ¡Gloria a Dios!

Conversaciones inapropiadas con nosotros mismos hacen que algo pequeño tenga la sombra muy grande. Esas palabras dañinas son el mal uso de la imaginación creativa que Dios ha puesto en nuestro interior. Mientras más escuchamos nuestros pensamientos negativos, mayor se hace la sombra y oscurece lo que antes eran áreas brillantes en nuestra vida. Alguien dijo una vez: "No creas lo que piensas en medio de la noche. Tú eres tu peor enemigo, y no puedes ganar esa pelea".

Cuando los malos pensamientos llegan a ti, esta es la forma de ganar: puedes seguir *"derribando argumentos y toda altivez que se levanta contra el conocimiento de Dios, y llevando cautivo todo pensamiento a la obediencia a Cristo"* (2 Corintios 10:5). En cambio, me gusta decirme a mí mismo (únete a mí): "Yo soy quien Dios dice que soy, puedo tener lo que Él dice que puedo tener, puedo hacer lo que Él dice que puedo hacer. Acepto cómo me ha hecho Dios, y decido decirle sí a Él".

Se ha hablado mucho recientemente sobre noticias falsas. No hay una noticia falsa más grande que cuando nos decimos a nosotros mismos que no podemos hacer lo que sabemos que Dios quiere que hagamos. Esa noticia es falsa, torcida, fuera de contexto y fraudulenta. La verdad es, como le dijo Christopher Robin a Winnie the Pooh: "Eres más valiente de lo que crees, más fuerte de lo que pareces, y más inteligente de lo que piensas".

No te creas todo lo que piensas. Ralph Marston observó: "Hay muchos obstáculos difíciles en tu camino. No te permitas el lujo de convertirte tú mismo en uno de ellos".

2

LOS DIAMANTES FALSOS PARECEN PERFECTOS, PERO LOS DIAMANTES AUTÉNTICOS TIENEN DEFECTOS

¿Qué te ha robado el gozo? ¿Podría el ladrón ser el perfeccionismo? Deja de permitir que el perfeccionismo te retenga. Es un matador de sueños.

Pensar que todo tiene que ser perfecto conduce a la postergación y el remordimiento. Te paralizarás. Las imperfecciones no se deberían lamentar; hay que aprender de ellas y aceptarlas. Se espera que las personas cometan errores, por eso existen los borradores.

Me encanta que la Biblia está llena de personas imperfectas, con una notable excepción. Dios hizo eso para animarnos a todas las personas que tenemos defectos. Tú naciste para ser auténtico, no perfecto.

He tenido la oportunidad de ayudar a muchos escritores con sus libros, y durante el transcurso de los años he acumulado varios dichos que se pueden aplicar a todos mis autores. Uno de mis favoritos es: "Solo ha habido un libro perfecto, y no es el tuyo". Los autores a menudo creen que lo que escriben tiene que estar perfecto. Veo este desafío más comúnmente en los escritores que escriben por primera vez. Como resultado, muchas veces ni siquiera terminan el libro, o lo hacen tan tarde que ha perdido su oportunidad. Un diamante con defectos es más valioso que un ladrillo perfecto.

Lo que espero al decir "solo ha habido un libro perfecto, y no es el tuyo", es comunicar a los escritores el valor genuino de terminar el libro lo mejor que puedan, con lo que tienen, donde están. Después, confiar en que Dios hace lo que quiere por medio del libro. También les recomiendo que confíen en otros que tienen habilidad para editar y afinar el libro para que sea todo lo "perfecto" posible. No inspiramos a nadie siendo perfectos. Inspiramos a otros mediante cómo tratamos nuestras imperfecciones. Según Dejan Stojanovic: "Al intentar ser perfecto, él perfeccionó el arte del anonimato, se volvió imperceptible, y llegó a la nada desde la nada".

La Biblia dice: "*El agricultor que espera el clima perfecto nunca siembra*" (Eclesiastés 11:4, NTV). Cuando Dios pensó en sus planes para ti, sabía que meterías la pata. Cuando tropezaste, no dijo: "¡Oh, vaya!". Tus errores no le sorprenden. Al final de un largo día, no te vayas a la cama, apagues la luz, y pases ocho horas pensando en cada error que has cometido.

Hay tres imperativos que nos retienen: Tengo que hacerlo de manera perfecta. Tienes que tratarme perfectamente. Y el mundo tiene que ser puro.

El pastor Tom (no es su verdadero nombre) era un fantástico líder de alabanza. Yo acababa de empezar a hablar en iglesias por todo el país, y estaba sentado en la primera fila mientras la música empezó a sonar. Supe de inmediato que él tenía un talento como ningún otro que había visto. Tenía un don natural para dirigir la alabanza. Su voz era increíble. Era obvio que le encantaba genuinamente adorar a Dios. Como a mitad de la primera canción, observé que ajustó algunas ruedas con las manos y algunos botones con sus pies mientras dirigía a la congregación en alabanza y adoración. Estoy seguro de que tenía un gran talento, pero también distraía mucho. Yo sabía que era profesional y que intentaba que todo "fuera bien". Pero lo evidente para mí era que nadie podía notar la diferencia con los cambios que él hacía y, sin embargo, eso interfería en su meta principal de ayudar a la gente a tener un encuentro con Dios a través de las canciones.

Recuerdo pensar que eso era una imagen de la vida. Nos distraemos con tanta facilidad que nos ensimismamos buscando la perfección.

El pastor Tom se acercó a mí después de la reunión y me preguntó qué opinaba de la música. Le dije que fue maravillosa, pero que haría bien en considerar intentar no ajustar tanto los botones y los pedales de pie durante todo el tiempo que dura la alabanza. Dijo que no se daba cuenta de que estaba haciendo eso. Imagino que se había convertido en un hábito para él. Alejémonos de todo lo que nos impida hacer lo más importante.

Esta es la excelente noticia: el pastor Tom tenía un espíritu enseñable. Lo que más quería era tener una buena adoración. Recibió la corrección y disfrutó de varios años maravillosos como líder de alabanza en esa iglesia. Hace treinta años atrás, fundó una iglesia que sigue creciendo y siendo de impacto en la actualidad.

Psychology Today describe el perfeccionismo de la manera siguiente:

El perfeccionismo es un rasgo que hace que la vida sea un interminable boletín de calificaciones sobre logros o estilos. Cuando es sano, puede automotivarnos y hacernos superar la adversidad y lograr el éxito. Cuando no es sano, puede ser un camino rápido e imperecedero hacia la infelicidad. Lo que hace que el perfeccionismo extremo sea tan tóxico es que, mientras quienes están atrapados en él desean el éxito, están más enfocados en evitar el fallo, lo cual tiene como resultado una orientación negativa. No creen en el amor incondicional, esperando que los afectos y la aprobación de otros dependan de un desempeño sin tacha alguna.[1]

No seas como esa mamá que dijo: "Yo no sabía que tenía un problema con el perfeccionismo hasta que vi a mis hijos colgar las figuritas en el árbol donde ellos querían". Solamente Dios es perfecto; y es perfecto también en perfeccionarnos. Él es Dios, y nosotros no lo somos. La Biblia dice: *"Jehová cumplirá su propósito en mí"* (Salmos 138:8, énfasis añadido). Tú y yo somos perfectamente imperfectos.

Dios dice que acudas a Él tal como eres. Deja de desanimarte por todo lo que *no eres* y empieza a aceptarte con todo lo que *eres*. Creo que es apropiado culpar a las redes sociales por algo de esto. Han causado que mostremos un comportamiento celoso basado en espejismos y engaño. Las personas envidian cosas, relaciones y estilos de vida que ni siquiera existen. La forma más rápida de matar algo especial es comparándolo con otra cosa.

Relájate. Karen Salmansohn dijo: "No necesitas una vida perfecta para ser feliz. Solo necesitas rodearte de personas que te aman tal como eres". Has de saber que puedes tropezar, errar el blanco, comenzar tarde, tomar una mala decisión, lucir diferente, no estar seguro, dudar en tu fe, comenzar de nuevo, y aun así tener éxito. No te preocupes por ser perfecto, porque eso nunca sucederá. Puedes derrotar el pensamiento autosaboteador del perfeccionismo.

3

SI DIOS TE ESTÁ HACIENDO ESPERAR, PREPÁRATE PARA COSAS GRANDES

En 1985 Wesley Jones, director de la escuela de primaria Port Barre, llamó al conserje de la escuela, Joseph "Gabe" Sonnier. Miró a Gabe y le dijo: "Preferiría verte corrigiendo redacciones que recogiéndolas".[1] Jones había recordado que Sonnier fue un buen estudiante en Port Barre y un gran trabajador.

Sonnier nunca olvidó esas palabras. Aunque siguió siendo conserje por otros quince años más, nunca ignoró la influencia que una frase tuvo sobre él. Por lo tanto, con treinta y nueve años de edad, mientras seguía trabajando a jornada completa como conserje, decidió apuntar a las estrellas y comenzó a estudiar para ser maestro.

"Llegaba al trabajo a las 5:00 de la mañana y salía a las 7:00 para ir a la escuela todo el día; entonces regresaba y terminaba mis ocho horas de trabajo aquí, y después me iba a casa a hacer las tareas", compartía con una cadena de televisión local.[2]

El esfuerzo finalmente valió la pena. Sonnier recibió su título de magisterio y consiguió un puesto de maestro en uno de los salones de clase que solía limpiar. Pero Sonnier no había terminado. Decidió continuar sus estudios y obtener su título de maestría. Entonces, su vida llegó a ser incluso más impresionante. En noviembre de 2013 la escuela de primaria Port Barre anunció a su nuevo director: Joseph Gabe Sonnier. Pasó de barrer a tener una maestría, gracias a una palabra alentadora y a un espíritu persistente.

Algún día de tu futuro, las personas te expresarán su profunda gratitud porque no te rendiste hoy. Tu avance nunca tiene que ver solo contigo, sino también con toda la gente que será bendecida y alentada porque tú no te rendiste.

Winston Churchill dijo: "Nunca renuncies a algo en lo que no puedas dejar de pensar ni un solo día". Se dice que a veces la vida no te da lo que quieres, no porque no te lo merezcas, sino porque te mereces más.

Que tu alcance no sea más rápido que tu inicio. Clint Brown observó: "El mundo siempre te dará la oportunidad de abandonar, pero solo el mundo llamaría oportunidad al abandono".

No pierdas la fe. Las cosas más maravillosas de la vida tienden a suceder justo en el momento en el que estás a punto de perder la esperanza. Morgan Harper Nichols escribe: "Quizá fuiste creado para este momento, para pasar por un fuego ardiente y salir purificado como el oro".

No te desalientes por los resultados que no conseguiste con el trabajo que no hiciste. Gálatas 6:9 promete: *"No nos cansemos de hacer el bien, porque a su debido tiempo cosecharemos si no nos damos por vencidos"* (NVI). Según Garvey MacKay: "Si eres persistente, lo conseguirás. Si eres consistente, lo mantendrás".

Como escritor, tengo el privilegio de firmar muchos libros. Me gusta escribir expresiones de ánimo en cada libro antes de firmarlo con mi nombre. Uno de los dichos más comunes que escribo es este: *¡Nunca te rindas!* ¡Esta sencilla frase es uno de los principios para el éxito más poderoso que se ha predicado nunca!

Las personas no fracasan; tan solo se rinden con demasiada facilidad. Sabrás que estás en el camino correcto cuando todo deja de ser fácil. No, no será fácil. Sí, cambiará tu vida si no te rindes.

Dos hombres naufragaron en una isla. En cuanto llegaron a la isla, uno de ellos empezó a gritar: "¡Vamos a morir! ¡No hay comida! ¡No hay agua! ¡Vamos a morir!".

El otro hombre estaba apoyado en una palmera y actuando con tanta calma, que hizo ponerse nervioso al otro hombre.

"¿Es que no lo entiendes? ¡Vamos a morir!".

El otro hombre respondió: "Eres tú el que no entiende. Yo gano 100.000 dólares por semana".

El otro hombre le miró bastante sorprendido, y preguntó: "¿Y eso qué tiene que ver ahora? ¡Estamos en una isla sin comida ni agua! ¡Vamos a *morir!*".

El otro hombre respondió: "No lo entiendes. Yo gano 100.000 dólares por semana y diezmo el 10 por ciento de esos 100.000 dólares por semana. ¡Mi pastor me encontrará!".

Cuando eres persistente, como él sabe que lo es su pastor, tú lo sabes y el resto de la gente también.

Nunca te rindas en lo que sabes que deberías hacer. El fracaso te está esperando en la senda de la mínima persistencia. Hacer nada es difícil porque nunca sabes cuándo has terminado o cuándo has alcanzado tu meta. La persistencia puede conseguir lo que el talento nunca conseguirá. El "éxito repentino" emplea muchos días y noches hasta llegar allí.

4

"CONFÍA EN MÍ", SUSURRA DIOS

Linda y yo estábamos teniendo dificultades económicas como cualquier pareja joven recién casada que tenía un hijo o dos. Yo necesitaba un empleo mejor pagado. Comenzamos a ponernos de acuerdo en oración, específicamente por una oportunidad para que yo pudiera usar plenamente mis talentos y dones.

En cuestión de una semana o dos recibí una llamada telefónica inesperada sobre una oportunidad para ser el administrador de una iglesia que estaba creciendo mucho en el sur de California. Increíblemente, el salario era excelente y el trabajo consistía en hacer aquello por lo que habíamos estado orando. Era todo lo que yo deseaba, y además tendría la libertad de continuar dando consultoría. En ese entonces, parecía la respuesta precisa a la oración que le habíamos hecho a Dios.

Recuerdo mi primera conversación con el pastor principal sobre el trabajo. Me dijo que le habían dado muy buenas recomendaciones acerca de mí en otra iglesia que era cliente en mi consultoría. Él estaba emocionado con que yo volara a California para entrevistarme para el puesto, y que llevara también a Linda y a los niños.

En cuestión de semanas, llegamos a California. El día después de llegar, fuimos a Disneyland con el pastor y su esposa.

Cándidamente, me pusieron una alfombra roja, y parecía que todo era perfecto, de no ser porque Linda y yo sentíamos que algo no estaba bien del todo. Pero ¿cómo podía ser? Esa parecía ser la respuesta perfecta a la oración. El trabajo era exactamente lo que habíamos pedido, ¡y más aún!

Tras regresar a Tulsa una semana después, el pastor me llamó y me ofreció el trabajo con mucha emoción. Ese sentimiento incómodo dentro de mí aún existía, así que le dije que tenía que pensar en ello. Él pareció un tanto sorprendido y ligeramente molesto con mi respuesta. Le dije que le respondería en uno o dos días.

La oportunidad en la iglesia era buena. Era la iglesia que más rápido estaba creciendo en su denominación, y él era un orador tremendo. Tenían varias reuniones, y había multitudes que se quedaban sin poder asistir. Era una parte preciosa del país; todo parecía *correcto*. Pero era *incorrecto*.

Llamé al pastor y le dije que iba a rechazar la oferta. Me tomó un tanto por sorpresa su airada contestación. Me dijo que estaba pasando por alto la voluntad de Dios, y que lo *correcto* para mí era aceptar ese empleo. Insistió y me preguntó si podría reconsiderarlo. Le dije sinceramente que lo volvería a considerar y que le llamaría de nuevo.

Los dos días siguientes conversé con Linda y oramos por esta oportunidad que parecía perfecta a primera vista. Pero, mientras más conversábamos y orábamos, más seguros estábamos de que esa oportunidad no era para nosotros. *Aunque era exactamente por lo que habíamos orado.*

Volví a llamar al pastor y le dije que no aceptaba el trabajo, y que mi decisión era definitiva. Él me dijo abiertamente que me estaba perdiendo la voluntad de Dios y cometiendo un error. Después colgó.

Se acabó, pensé.

Tres meses después, decidí llamarlo solo para ver cómo le iba. Llamé a la iglesia en la mañana temprano. Me respondieron desde la recepción y pregunté por el pastor, y la secretaria me dijo que ya no estaba allí.

Silencio.

Le pregunté: "Bueno, ¿dónde está?". Ella me dijo que se había ido y que ya no regresaría.

Supe después que había tenido aventuras amorosas con *dos mujeres* de la iglesia (las dos pertenecían al coro) *al mismo tiempo*. La iglesia se estaba desmoronando.

Imagino que Dios lo sabía. No, *sé* que Dios lo sabía. Él nos protegió. Estoy contento de no haber mudado a toda la familia a California para llegar justo en medio de esa situación. Aunque la oportunidad parecía tan perfecta, mi futuro desconocido estaba en las manos del Dios omnisciente.

Proverbios 16:25 dice:

Hay camino que parece derecho al hombre, pero su fin es camino de muerte.

Sin duda, una de las oportunidades más poderosas para estar de acuerdo puede producirse entre un esposo y su esposa. Estoy agradecido porque tanto Linda como yo estuvimos en la misma página con respecto al empleo en esa iglesia. Eso nos permitió permanecer unidos contra una mala decisión; una decisión que no tenía que ver solo con un empleo, sino también con una mala situación en general.

Siempre he intentado buscar la paz de Dios, y esta situación no era una excepción. Ninguno de los dos tenía paz con respecto a aceptar la oferta. Sabíamos que el lugar más seguro del mundo es estar en el centro de la voluntad de Dios.

Al margen de cómo se vean las cosas ahora mismo, has de saber que Dios sigue en control de tu vida. Mantente en paz y obedécelo. Cree que Él siempre te guiará en la dirección correcta.

Escuché una vez a alguien decir: "Cuando estoy preocupado, es porque estoy intentando hacerlo todo por mí mismo. Cuando tengo paz, por lo general se debe a que recuerdo que Dios está en control". Cuando pongo mis afanes y preocupaciones en las manos de Dios, Él pone su paz en mi corazón.

La Biblia dice que dejemos que la paz de Dios reine en nuestros corazones (ver Colosenses 3:15). La *Amplified Bible* (Biblia Amplificada) nos dice que dejemos que la paz que viene de Cristo actúe como un árbitro en nuestro corazón. La paz de Dios puede guiarnos a decir "dentro" a una idea o "fuera" a una relación. Déjate guiar por la paz. Siempre es mejor perderte unas cuantas cosas que deberías haber hecho que entrar en todo tipo de cosas que no deberías.

Cuando realmente lo pensamos, todo se reduce a una cuestión de confianza. ¿En qué confías? ¿En la educación? ¿La experiencia? ¿La economía? ¿La ingenuidad? Confiar solamente en cualquiera de esas cosas te decepcionará. En cambio, esta es la respuesta de Isaías 26:3-4:

Tú guardarás en completa paz a aquel cuyo pensamiento en ti persevera; porque en ti ha confiado. Confiad en Jehová perpetuamente, porque en Jehová el Señor está la fortaleza de los siglos.

Una verdadera relación con Dios tiene confianza. Cuando Dios cerró la puerta en California, supe que era su señal para que avanzáramos a la siguiente oportunidad que Él tenía para nosotros. *"Y el que confía en Jehová es bienaventurado"* (Proverbios 16:20).

Aunque seguíamos en la misma situación económica y laboral a corto plazo, las cosas comenzaron a cambiar para mejor. Rechazar esa propuesta nos liberó para decir *sí* a Dios y a algunas oportunidades fantásticas que estaban a la vuelta de la esquina. No mucho después, escribí mi primer libro y comencé a hablar por todo el país y también internacionalmente.

Jesús dijo: *"La paz os dejo, mi paz os doy"* (Juan 14:27). Encontrarás una gran paz y descanso en la presencia de Dios. Problemas, nerviosismo, ansiedad, inquietud; todas estas cosas huyen en la presencia del Señor.

Invita la presencia de Dios en cualquier lugar donde te encuentres. Santiago 4:8 promete: *"Acercaos a Dios, y él se acercará a vosotros"*. Él acampará a tu alrededor cada minuto y estará contigo en cada situación de la vida. En su presencia encontrarás un gran gozo y luz, protección divina, paz y descanso. La Biblia nunca dice: "Averígualo", pero dice una y otra vez: "Confía en Dios". Él lo tiene todo averiguado.

En Filipenses 4:6-7 el apóstol Pablo nos aconseja: *"No se inquieten por nada; más bien, en toda ocasión, con oración y ruego, presenten sus peticiones a Dios y denle gracias. Y la paz de Dios, que sobrepasa todo entendimiento, cuidará sus corazones y sus pensamientos en Cristo Jesús"* (nvi).

No es la ausencia de problemas lo que nos da la paz, sino Dios que está con nosotros en los problemas. Confía hoy en Él.

5

QUERIDO ESTRÉS,
ROMPAMOS NUESTRA RELACIÓN

Un hombre al que conocí en cierta ocasión era el dueño de una organización que más adelante compró cientos de miles de ejemplares de mis libros y me pidió que fuera orador en uno de sus eventos más grandes. No solo habría más de trece mil personas en el Georgia World Congress Center de Atlanta, Georgia, sino que la audiencia estaría compuesta solamente por líderes. Me encanta hablar a líderes porque sé que estoy hablando a las personas que están conectadas a cada líder. Es siempre un honor ser una influencia para los que influencian.

Me dijeron que sería uno de los dos conferencistas principales ese fin de semana, y el otro sería Mary Lou Retton, la famosa gimnasta que ganó una medalla de oro en los Juegos Olímpicos de 1984. Por supuesto, estaba muy emocionado con la invitación, pero mientras me preparaba para hablar, descubrí enseguida lo que realmente significaba la "oportunidad". Yo miraba a la audiencia desde detrás de la plataforma. La gente llegaba hasta donde mis ojos podían ver. La atmósfera era electrizante. Las personas estaban conectadas y entusiasmadas. Sus expectativas eran algo que nunca antes había experimentado, y ahí estaba yo, a unos quince minutos de dar una charla de cuarenta y cinco minutos a esa enorme multitud.

Entonces me di cuenta. Tenía la boca totalmente seca; me refiero a seca como el Desierto del Sahara. Sí, tenía lo que se llama boca de algodón. Si sabes algo sobre las bocas de algodón, entenderás que apenas si puedes hablar, y mucho menos hablar a más de diez mil personas. Como no me había sucedido antes, comencé a beber todo el agua que pude, pero no quería beber demasiado porque eso podría causar otros problemas, quizá incluso más vergonzosos.

Estaba ansioso. Estaba estresado. Cuando quedaban solamente minutos antes de hablar a una multitud hambrienta de aprender, entendí lo que debía hacer. Me di cuenta de que me había estado enfocando en mí mismo, y no en la gente. Tenía que cambiar mi pensamiento y adoptar el pensamiento adecuado con respecto a mi situación para reemplazar los pensamientos perturbadores que estaba teniendo. Recuerdo hacer una oración parecida a esta: "Señor, soy la persona más insignificante de esta sala. Soy un siervo. Ayúdame a bendecir y animar a estas personas. Úsame para tu gloria, ¡y ayúdame a poder sentir la lengua en mi boca de nuevo! ¡Amén!".

Al pedir la ayuda de Dios y no enfocarme en mí mismo, estaba en la posición correcta para ayudar a otros, y a la vez ayudarme a mí mismo. Justo antes de que me presentaran ante la multitud, mientras subía las escaleras hacia la plataforma, noté que podía sentir de nuevo mi lengua y que mi boca estaba normal. Una lluvia sobrenatural había caído sobre el desierto de mi boca. Estaba listo para comenzar.

Nunca olvidaré caminar por la plataforma y que me presentaran mientras sonaba la banda sonora de la película *Rocky*. Mi estrés se había ido; había cambiado mi enfoque. Me sentía como la señora que dijo: "Es asombroso cuánto se reduce el nivel de estrés con el simple hecho de cambiar de un pantalón tejano apretado al pijama". Estaba cómodo y libre para ser un siervo. Proverbios 12:25 nos dice:

La congoja en el corazón del hombre lo abate; Mas la buena palabra lo alegra.

Los trastornos de ansiedad están generalizados. Según el Instituto Nacional de Salud Mental, se calcula que un tercio de los adultos en los Estados Unidos experimentan un trastorno de ansiedad en algún momento de su vida.[1] Millones de personas lidian con este reto cada día. La ansiedad detiene tu vida; he visto a personas a las que amo batallar con esa situación tan difícil. Pero nada es demasiado grande para Dios. Nada.

Se dice que la ansiedad es como un niño pequeño. Nunca deja de hablar y de moverse en tu espacio personal. Te dice que estás mal en todo y te despierta a las 3:00 de la mañana.

El versículo al que acudo cuando siento el fragor del estrés es 1 Pedro 5:7: *"echando toda vuestra ansiedad sobre él, porque él tiene cuidado de vosotros"*. Me imagino echando lo que me molesta sobre Dios como cuando lanzo el cebo con una caña de pescar en la parte más profunda del agua. Lo lanzo tan lejos de mí, que no me puedo estirar y recuperarlo. Imagínate en este mismo momento que el Dios del universo se interesa por tus preocupaciones. Está esperando en el cielo, listo para recibir cualquier cosa que te inquiete. Él desea quitártelo y llevarlo por ti.

Estoy seguro de que le he pedido a Dios que lleve mis preocupaciones cientos de veces, quizá miles. Hacerlo me impide preocuparme demasiado por todo, y permite que su paz ocupe su lugar. Sé que esos pensamientos perturbadores me están mintiendo. Sé que soy amado, y que todo va a estar bien. Suéltalo, como dice la famosa canción, o te congelarás, como la película que lleva el mismo título: *Frozen*. Tienes que rendirlo y soltarlo, y después tener fe en lo que viene de tu Padre celestial. Ahora está en sus manos. Para mí, nada disminuye la ansiedad más rápidamente que pasar a la acción de ese modo. Las tormentas no duran para siempre. Alerta: todo va a salir bien.

Nunca creas las cosas que te dices a ti mismo cuando estás triste y solo. Las palabras que te dices son importantes. Esa voz alta y mentirosa conoce tus inseguridades e intenta usarlas contra ti. No respeta las normas. Pero Dios provee una salida. Filipenses 4:6-7 dice: *"Por nada estéis afanosos, sino sean conocidas vuestras peticiones delante de Dios en toda oración y ruego, con acción de gracias. Y la paz de Dios, que sobrepasa todo entendimiento, guardará vuestros corazones y vuestros pensamientos en Cristo Jesús".*

El diablo quiere que pienses que no hay nada más permanente que tu situación temporal. No hay cantidad de lamento y remordimiento que pueda cambiar el pasado, y no hay cantidad de ansiedad que pueda predecir el futuro. Por lo tanto, en lugar de criticarte cada día, lo cual no hace sino empeorar las cosas, intenta aceptar quién eres en Cristo y verás que eso funciona. Da la vuelta al guión, intercambia un pensamiento negativo por los muchos positivos que hay en su Palabra.

He oído decir: "Dios no tiene prisa. Eres tú quien la tiene. Por eso estás ansioso, estresado y decepcionado". Entrégale a Dios tus afanes en este momento, porque a Él le importas mucho.

6

NO TE CREAS TODO LO QUE PIENSAS

Para los que estábamos vivos, el 11 de septiembre de 2001 es un día que siempre recordaremos. La mayoría de nosotros podemos decir exactamente dónde estábamos cuando oímos acerca del derrumbe de las Torres Gemelas.

Yo tenía programada una conferencia en Búfalo, Nueva York, unas dos semanas después del 11 de septiembre. Recuerdo perfectamente mi primer vuelo después de ese ataque; quizá tú también lo recuerdes. Cualquiera que volara durante ese tiempo recuerda cuán distinta era la experiencia de moverse por el aeropuerto.

Yo volaba de Tulsa a Chicago, y después tenía una conexión con otro vuelo hasta Búfalo. Oficiales armados con varios tipos de armas estaban por todas partes en el Aeropuerto Internacional O'Hare de Chicago. La seguridad se cuadruplicó. Los pasajeros estaban mucho más tensos de lo habitual. Por fortuna, mi vuelo de Tulsa a Chicago transcurrió sin novedad.

Había decidido predicar sobre el temor ese domingo en la mañana, y estaba repasando algunos de los puntos que quería tratar. Lo que no imaginaba era que estaba a punto de obtener un poco más de material mientras tomaba mi vuelo de Chicago a Búfalo.

Como había estado viajando mucho en ese tiempo, recibí una mejora de cortesía para volar en primera clase. Recuerdo sentarme en mi asiento de pasillo mientras los pasajeros subían al avión. La atmósfera en la nave era muy distinta a la que había antes del 11/9; la gente estaba callada y nerviosa.

Casi todos los pasajeros habían subido al avión cuando un hombre del Medio Oriente de unos veinte años subió llevando una bolsa de viaje. De inmediato, la gente comenzó a musitar: "¿Quién es ese chico? ¿Por qué está en este vuelo?". Cuando subieron un par de pasajeros más, pasaron a bordo otros tres hombres árabes con mochilas negras, de unos veinte años.

Las conversaciones ahora las tenían todos los pasajeros de primera clase, y alguien incluso dijo en voz alta: "Saquemos a esos chicos del avión". Entonces se empezó a escuchar muy fuerte el ladrido de un perro pastor alemán en la zona de equipaje debajo del avión. *¿Se ha cargado algo en este avión que no debería estar ahí?*, me preguntaba mientras intercambiaba miradas con mis compañeros de vuelo.

Comencé a sentir el temor sobre el que tenía planeado hablar al día siguiente. La atmósfera era intensa. Entonces, cuatro oficiales de American Airlines subieron al avión y se reunieron con el piloto. No eran los que piden las tarjetas de embarque en la puerta sino más bien administrativos, y estaban manteniendo una conversación que parecía ser seria. Mi mente iba a mil por hora. Pensaba en mi familia en casa, y me preguntaba si ese sería mi último día sobre la tierra.

Tras pasar unos diez minutos en la cabina del piloto, los cuatro oficiales salieron del avión y las azafatas cerraron la puerta y echaron los cerrojos. Los perros dejaron de ladrar.

Rodamos por la pista en el avión y despegamos. Para empeorar más las cosas, era de noche. Me preguntaba: *¿Cuánto tiempo pasará hasta que explote la bomba?* En ese punto, se me había olvidado por completo que iba a predicar sobre el temor y la preocupación unas doce horas después.

Por supuesto, como sabrás porque estás leyendo este libro, aterrizamos sanos y salvos en Búfalo. No hubo accidentes, ni explosión, solo el temor que me robó la paz. El temor es un ladrón muy hábil. Durante la reunión de ese domingo en la mañana confesé que ahora era una autoridad aún mayor en cuanto al temor, y compartí mi experiencia en el avión. Estoy seguro de que mi convicción era más fuerte que nunca.

El temor es el mal uso de la imaginación creativa de Dios que Él puso dentro de cada uno de nosotros. Piensa en lo creativos que podemos ser con nuestros temores. Como cuando estamos solos en casa y cada ruido que oímos es el de un asesino en serie. O cómo un uñero puede pasar de ser una molestia a una amputación total del dedo en cuestión de minutos si dejamos que el temor se apodere de nuestra imaginación.

El temor nos engaña para que vivamos vidas estancadas. No dejes que te paralice. Recuerda el dicho: "Nunca tengas miedo de intentar algo nuevo. Recuerda que unos amateurs construyeron el arca; unos profesionales construyeron el Titanic".

No tengas tanto miedo a ser juzgado que busques cada oportunidad posible para postergar las cosas. Los temores que no enfrentas se convierten en tu límite. No dejes que tu temor a lo que pueda suceder te haga no hacer nada. Estoy de acuerdo con D. L. Moody, que dijo: "Nuestro mayor temor no debería ser al fracaso, sino a tener éxito en algo que en realidad no importa".

La preocupación mata más sueños que el fracaso. No permitas que decida tu futuro. Cualquiera que sea tu deseo, debes quererlo más que temerlo. Robert Tew observó: "A veces, lo que más temes hacer es lo que te hará libre".

El famoso dicho es cierto: *Todo* lo que quieres está al otro lado de tus temores. Ponte metas que te asusten y te emocionen a la vez. Inhala valor. Exhala temor. Les Brown dijo: "Somos demasiados los que no estamos viviendo nuestros sueños porque estamos viviendo nuestros temores".

La esperanza y el temor no pueden compartir el mismo espacio al mismo tiempo. Por eso deberíamos seguir este versículo: *"derribando argumentos y toda altivez que se levanta contra el conocimiento de Dios, y llevando cautivo todo pensamiento a la obediencia a Cristo"* (2 Corintios 10:5).

El temor es como la niebla. Cuando aparece el sol (Hijo), la niebla desaparece. *"En Dios confío, ¿por qué habría de tener miedo?"* (Salmos 56:4, NTV). Ora tanto como te preocupas, y tendrás menos por lo que preocuparte.

Como Billy en la historia que voy a compartir ahora, tienes dos opciones con respecto a tu futuro: temor o fe. Un pastor le preguntó al pequeño Billy si oraba cada noche.

"Sí, señor", respondió el niño.

"¿Y vuelves a orar también cuando te despiertas?", preguntó el pastor.

"No, señor", respondió Billy. "Por la mañana no me da miedo".

Todos tenemos una decisión que tomar: podemos ser positivos o negativos; estar llenos de fe o de temor. La frase: "No temas" está escrita en la Biblia 365 veces. Es un recordatorio diario de Dios para que vivamos sin temor.

Dios quiere que caminemos cada día con la misma cercanía, fortaleza, gozo y dirección que experimentamos con Él el domingo. No tenemos que dejar atrás esa atmósfera de adoración y devoción solo porque salgamos del edificio de la iglesia. Dios está con nosotros... punto. Cada día. El diablo quiere tendernos una emboscada trayendo a nuestra mente temor, duda, incredulidad y destrucción, pero el temor y la preocupación son intereses pagados por adelantado por algo que quizá nunca lleguemos a tener.

El temor es un cincel muy malo para tallar el mañana. Si estás preocupado por el mañana, tengo una buena noticia para ti: ¡La preocupación no es una realidad! La preocupación es el triunfo del temor sobre la fe.

Hay una historia de una mujer que lloraba mucho mientras estaba de pie en una esquina. Se le acercó un hombre y le preguntó por qué lloraba. La mujer movió la cabeza y respondió: "Solo pensaba que quizá algún día me casaré. Después tendremos una preciosa bebé. Entonces, algún día esa bebé y yo iríamos a pasear por esta calle, y mi querida hija saldría corriendo hacia la carretera y un automóvil la atropellaría y moriría".

Parece una situación bastante ridícula, llorar por algo que probablemente nunca sucederá; sin embargo, actuamos así cuando nos preocupamos. Exageramos una situación hasta un nivel que probablemente nunca llegue.

La palabra *preocupación* se deriva de un término anglosajón que significa "estrangular" o "ahogar". No cabe duda de que las preocupaciones y el temor ahogan la creatividad positiva que Dios nos da.

Cuando el temor aparece en nuestra mente, deberíamos esperar lo contrario en nuestra vida. Deberíamos esperar que la fe creciera en nuestro corazón para que nos proteja como un escudo contra los pensamientos que nos preocupan.

Las cosas muchas veces no son lo que parecen. ¿Acaso no nos hemos frustrado todos alguna vez con las galletas de harina de avena con pasas disfrazadas de galletas con trocitos de chocolate?

Al estancarnos en asuntos que están fuera de nuestro control se produce un efecto adverso. Demasiado análisis siempre lleva a la parálisis. No debemos pensar en exceso. Crearemos un problema que ni siquiera está ahí.

La Biblia dice:

Echa sobre Jehová tu carga, y él te sustentará; No dejará para siempre caído al justo.   (Salmos 55:22)

Nunca respondas por temor, y nunca tengas miedo a responder. La acción ataca el temor; la inacción lo refuerza.

No te preocupes y no temas. En lugar de eso, lleva tu temor y tu preocupación al Señor: *"echando toda vuestra ansiedad sobre él, porque él tiene cuidado de vosotros"* (1 Pedro 5:7). La preocupación es una ruta que lleva de un lugar a ningún lugar. Nunca dejes que dirija tu vida.

7

DIOS ESTÁ DONDEQUIERA QUE TÚ ESTÉS

Cuando trabajo con escritores, siempre les digo: "Cuando publicas un libro, puede pasar cualquier cosa". *Cualquier cosa* me ha pasado a mí muchas veces.

Me invitaron a hablar en Austria en una conferencia de editoriales que se celebraba en un hotel a mitad de camino de subida a una montaña. Recuerdo pensar cuán hermosas eran las vistas y cuán peligroso debía ser el invierno.

Hablar en esta conferencia editorial era un honor porque era la primera de ese tipo en Europa. Ahora que los muros del comunismo estaban cayendo, los que antes publicaban escritos cristianos de modo clandestino estaban trabajando abiertamente. Querían aprender todo lo que pudieran de las editoriales estadounidenses.

Una conferencia cristiana se estaba realizando al mismo tiempo en ese mismo hotel. No conocía a la persona que organizaba las reuniones, pero pensé: *¡Qué maravilla! Una conferencia editorial y otra evangélica precisamente en mitad de Austria. ¡Hitler sin duda alguna se estará retorciendo en su tumba!*

Caminaba por un pasillo para entrar al evento de la editorial cuando me crucé con un hombre que iba en dirección contraria.

Después de cruzarnos, oí una voz detrás de mí: "¿Eres John Mason?". ¡Qué raro! ¿Quién me conocería en ese lugar?

Me giré y respondí. "Sí, soy John Mason". El hombre dijo que estaba asistiendo a la conferencia cristiana, pero tenía algo que enseñarme.

"¡Venga conmigo a mi habitación!", exclamó. Se le veía emocionado, y yo no tenía ni idea de por qué. Le seguí a su habitación, donde me enseñó una impresión de mi libro completo *Un enemigo llamado promedio* en búlgaro.

Él lo había traducido del inglés al búlgaro, y lo había impreso para llevarlo con él en ese viaje. Después abrió una carpeta, y en ella tenía el artículo de un periódico. Era una reseña editorial de mi libro, con una fotografía y todo, ¡en el principal periódico de Bulgaria!

Él estaba muy orgulloso. Yo estaba impactado. ¿Cómo sabía él quién era yo? ¿Cómo lo había traducido? ¿Sabía que lo que hizo era técnicamente ilegal? Realmente no me importaba. Estaba emocionado con que mi libro estuviera llegando a zonas a las que no había podido llegar antes. Le di las gracias por su trabajo, aunque nunca conseguí un ejemplar de ese libro.

Dios puede encontrarte dondequiera, cuando quiera.

Y cuando despierto, ¡todavía estás conmigo!
(Salmos 139:18, NTV)

Él ciertamente estaba ahí dirigiendo al hombre en el pasillo esa mañana en Austria.

Detente cada día y mira el tamaño de Dios. La Biblia nos dice que los ojos del Señor recorren toda la tierra para mostrarse fuerte a favor de aquellos cuyo corazón es completamente suyo (ver 2 Crónicas 16:9).

El Señor nos encuentra donde estamos y, con nuestra obediencia, nos lleva donde debiéramos estar. Charles Spurgeon observó: "La cercanía con Dios produce semejanza a Dios. Cuanto más ves a Dios, más de Dios se verá en ti". Dios no está distante. *"Cercano está Jehová a todos los que le invocan"* (Salmos 145:18).

Puedes estar tan cerca de Dios como tú quieras. Por lo tanto, cada día haz algo que te acerque a Él. No dejes que el ruido del mundo te impida oír la voz del Señor.

Dios muestra que está cerca en cada libro de la Biblia. Entiende que Dios te tiene a la vista y en sus manos. Él está ahí cuando te acercas a Él, e interviene cuando le alabas. Él nunca está a más de una oración o una alabanza de distancia. Él está ahí en tu mejor momento y también en el peor. Acércate a Él hoy.

Nada, ni siquiera las cosas malas o las montañas más altas y los encuentros en cualquier lugar del mundo, pueden separarte de Dios y su incesante amor por ti (ver Romanos 8:38-39).

8

DIOS OBRA CUANDO MENOS TE LO ESPERAS

Estructuremos bien nuestra mente sabiendo que Dios es el Alfa y la Omega, el principio y el fin, y todo lo que hay entre medias. No tengas temor al futuro; Dios ya está allí, y está obrando a favor tuyo. Una clave para pensar adecuadamente es saber que Dios conoce nuestro futuro. En ocasiones, cuando parece que Él es el último que se involucra en nuestra vida, en realidad es el más involucrado.

Me resulta útil mirar atrás y ver cómo Dios estuvo ahí todo el tiempo orquestando, arreglando, guiando y dirigiendo. Saber que Él estuvo ahí ayuda a que mi mente tenga paz con respecto a mi futuro. Josué 1:9 dice: *"Ya te lo he ordenado: ¡Sé fuerte y valiente! ¡No tengas miedo ni te desanimes! Porque el Señor tu Dios te acompañará dondequiera que vayas"* (NVI).

Realmente todo es una cuestión de confianza. Proverbios 3:5-6 dice, de hecho, que confiemos en el Señor con todo nuestro corazón y no dependamos de nuestro propio entendimiento, que lo reconozcamos en todos nuestros caminos y Él enderezará nuestras sendas.

Estaba empezando mi primera semana en la universidad y me había anotado a la clase de inglés, como el resto de mis compañeros. Era una clase a primera hora de la mañana, así que cada estudiante intentaba lentamente encontrar un lugar.

Observé a una muchacha morena y decidí sentarme junto a ella. Aún no había comprado mi programa para la clase. Ella, sin embargo, resulta que había conseguido dos programas para el curso (¿quién consigue dos?).

¡Perfecto!

Cuando ella supo que yo aún no tenía un programa, felizmente me dio el que le sobraba. No mucho después, le pedí una cita. Desde entonces me he estado viendo con ella. Esa bonita muchacha es mi esposa, Linda. Esta historia es también el reflejo perfecto de nuestra relación: ella tenía dos programas y yo no tenía ninguno.

Podemos conocer a miles de personas sin que ninguna de ellas nos afecte realmente, y entonces conocemos a una persona y nuestra vida cambia para siempre. Es maravilloso saber que Dios está obrando a nuestro favor, ¡incluso cuando menos esperamos verlo!

Mientras escribía estas palabras, me daba cuenta de que estaba pensando en Linda, y comencé a preguntarme cuánto tiempo había estado en mi mente. Entonces se me ocurrió: desde que la conocí. Nunca ha salido de mi mente.

Imagínate dentro de un año, y entiende que hoy Dios ya está obrando a favor tuyo. Él conoce el fin desde el principio, y el principio desde el fin. Solo porque algo no nos haya funcionado ahora no significa que no hay nada preparado para nosotros en el futuro.

Para citar a la Dra. Meredith Grey de *Anatomía de Grey*: "Pasamos toda nuestra vida preocupándonos por el futuro, planeando para el futuro, intentando predecir el futuro, como si averiguarlo amortiguara el golpe. Pero el futuro siempre está cambiando". No tenemos que saberlo todo hoy. Solo tenemos que confiarle a Él nuestro futuro.

Lo mejor sobre el pasado es que nos muestra lo que no debemos llevar al futuro; y solo porque el pasado no fuera como deseábamos, no significa que nuestro futuro no puede ser mejor de lo que nunca habíamos imaginado.

Corrie ten Boom dijo: "Nunca tengas miedo de confiarle un futuro desconocido a un Dios conocido". No te preocupes por el mañana; Dios ya está allí trabajando a favor tuyo. Él está contigo, no contra ti.

Qué pensamiento tan maravilloso es que algunos de tus mejores días aún no han llegado. Está bien tener una "santa intuición" de que tu Padre celestial está en tu futuro organizando personas, lugares, ideas, provisión, protección, y mucho más para ti.

9

NUNCA DEJES QUE LAS PERSONAS QUE NO VAN A NINGUNA PARTE TE LLEVEN CON ELLAS

Hace más de treinta años atrás, la iglesia a la que asistía organizó un desayuno mensual para hombres en un restaurante local. Servían un excelente buffet, y un orador compartía por veinte minutos antes de que todos nos fuéramos a trabajar. En ese momento de mi vida, solo se me podía describir como una persona con muy poco éxito. Si me hubieras dicho que querías ser exitoso, te habría respondido que observaras mi vida ¡y que hicieras justamente lo contrario!

Nunca olvidaré un desayuno en particular que se convirtió en un momento clave en mi vida. Recuerdo comer y escuchar al conferencista. No recuerdo lo que comí ni lo que él dijo, pero recuerdo lo que ocurrió después. Me encontraba sin querer irme del restaurante, sentado en una mesa con otros cinco o seis hombres. La mejor manera de describirlos sería como "cristianos improductivos". Ya sabes el tipo de personas al que me refiero, aquellas que han tenido cuatro empleos en los últimos dos años, esos que siempre están diciendo: "Dios me dijo esto, Dios dijo aquello". Un mes están volando en una dirección, y después en otra dirección al mes siguiente, y entonces en dirección totalmente contraria el mes siguiente. Todo son palabras, y no hay nada de acción.

Estuve allí con ellos bastante tiempo después de haber terminado el desayuno, ¡hasta las dos menos cuarto de la tarde! Eso debería decirte todo el trabajo que tenía que hacer, cuán diligentemente trabajaba, y cuán enfocadas estaban mis prioridades.

Y, si realmente hubieras escuchado nuestras palabras, ¿te imaginas de lo que estábamos hablando? Todos estábamos hablando de *por qué no éramos exitosos*. Yo participaba de la conversación tanto como los demás. De hecho, en ese punto de mi vida era una autoridad en el tema.

De repente, justo en medio de nuestra conversación sentí que Dios me hablaba al corazón. Esto es lo que oí: "John, hay algunas personas con las que no quiero que estés más". Y después me dio sus nombres. Él continuó: "Hay algunas personas con las que puedes estar, pero solo durante una cantidad limitada de tiempo en ciertas circunstancias". De nuevo, me dio sus nombres.

Lo magnífico de Dios es que, cuando Él te saca de la oscuridad, no te deja en el crepúsculo, sino que te lleva a la luz.

Él siguió hablando a mi corazón. "¡Hay algunas personas con las que quiero que pases tiempo!". Y me dio tres nombres, que eran de hombres que me conocían. Vieron los dones de Dios en mí y su llamado en mi vida. Cuando estaba con ellos, sacaban lo mejor de mí. ¡Yo era incluso más amable con mi esposa después de estar con ellos!

Me levanté inmediatamente de la mesa. Recuerdo que caminaba hacia la esquina suroeste del estacionamiento del restaurante. Apunté con el dedo al cielo y dije: "¡Lo haré!". Después me dirigí directamente a casa (en ese tiempo, tenías que ir a casa para hacer llamadas telefónicas). Agarré el teléfono y llamé a esos tres hombres. Dije: "Espero que no te importe, pero tengo que reunirme contigo de forma regular". Todos aceptaron.

¡Mi vida cambió!

Observé un cambio *ese día* en el que decidí relacionarme con las personas correctas. Desde entonces, he intentado ser amigo de los que sacan lo mejor de mí (y yo de ellos).

Solo serás tan bueno como las personas de las que decides rodearte. Aléjate de las personas negativas, porque tienen un problema para cada solución. Sé lo suficientemente valiente para dejar marchar a los que no dejan de desalentarte.

Mientras lees estas palabras, si viene algún nombre a tu mente te animo a que actúes. Quizá tengas que decir no a alguien o invertir más tiempo con otra persona. A veces, la respuesta a tus oraciones es un cambio en tus relaciones.

Si pasas tiempo con cinco personas de confianza, tú serás la sexta.

Si pasas tiempo con cinco personas inteligentes, tú serás la sexta.

Si pasas tiempo con cinco personas exitosas, tú serás la sexta.

Si pasas tiempo con cinco idiotas, tú serás el sexto.

Mi amigo Joe Braucht, que pastorea una gran iglesia llamada Destiny Christian Church en Minnesota, enumera excelentes señales de carácter que vigilar en su "5 cualidades de las personas de tu círculo íntimo":

1.   Están comprometidas con Jesús y su iglesia.

2. Van donde tú vas.

3. Tienen un buen espíritu.

4. Tienen un buen carácter.

5. Quieren lo mejor para ti.

Dios tiene las relaciones correctas para ti, y sabrás quiénes son porque alimentarán tu alma y te sentirás bien después de pasar tiempo con ellos. Invierte tu tiempo en quienes te aman incondicionalmente. No lo malgastes con los que solo te aman porque las condiciones son buenas.

Estoy agradecido por las personas que han llegado a mi vida y la han mejorado, y estoy agradecido por los que han salido de mi vida y la han mejorado. Dios pone a personas en tu vida con un motivo y las elimina de tu vida por una buena razón.

Tus mejores amigos son los que sacan lo mejor de ti. Me encantan las personas con las que puedo bromear y divertirme y después tener una conversación profunda también, y no es nada incómodo hacerlo.

Estoy de acuerdo con Kim Culbertson, que dijo: "Las personas piensan que estar solo te hace ser solitario, pero no creo que sea cierto. Estar rodeado de las personas incorrectas es lo más solitario del mundo".

Mientras menos te relaciones con ciertas personas, más mejorará tu vida. Cuando te alejas de las personas improductivas y negativas, comenzarán a ocurrir cosas buenas, y no será una coincidencia.

Asegúrate de que todos los que están en tu "barca" estén remando y no haciendo agujeros cuando tú no estás mirando.

Piénsalo: ¿Acaso muchas de tus tristezas no surgen de relaciones con las personas erróneas?

Un buen amigo conoce todas tus historias. Un mejor amigo te ayudó a escribirlas. He oído decir que una verdadera relación es de dos personas imperfectas que se niegan a abandonarse mutuamente. La vida está hecha para tener buenos amigos y grandes aventuras. La antigüedad más valiosa es un viejo amigo.

Tenemos que tener cuidado con el tipo de aislante que usamos en nuestra vida. Tenemos que aislarnos de personas e ideas negativas, pero nunca deberíamos aislarnos del buen consejo y la sabiduría.

La miseria quiere nuestra compañía. En Proverbios leemos: *"Así como el rostro se refleja en el agua, el corazón refleja a la persona tal como es"* (27:19, NTV). Proverbios también nos dice:

El que anda con sabios, sabio será; Mas el que se junta con
necios será quebrantado. (13:20)

Llegamos a ser como aquellos con los que nos relacionamos. He descubierto que es mejor estar solo que mal acompañado. Una sola conversación con la persona correcta puede ser más valiosa que años de estudio.

Cuando nos rodeamos del tipo correcto de personas, entramos en el poder del acuerdo ordenado por Dios:

Es mejor ser dos que uno, porque ambos pueden ayudarse
mutuamente a lograr el éxito. Si uno cae, el otro puede darle
la mano y ayudarle; pero el que cae y está solo, ese sí que
está en problemas... Alguien que está solo puede ser ata-
cado y vencido, pero si son dos, se ponen de espalda con
espalda y vencen; mejor todavía si son tres, porque una

cuerda triple no se corta fácilmente.

(Eclesiastés 4:9-10-12, NTV)

Mantente lejos de los "expertos" en pensamientos negativos. Quizá tengas que quedarte solo, pero no todo el que empieza contigo termina contigo. Recuerda: ante los ojos de la gente promedio, el promedio siempre se considera sobresaliente. Mira con cuidado la relaciones más cercanas de tu vida; ellas indican la dirección en la que vas.

10

NO ATIENDAS A CADA DISTRACCIÓN QUE TE LLEGA

Enfócate en lo positivo y sé agradecido. Un hombre de negocios exitoso estacionó su Bentley recién estrenado frente a su oficina, listo para enseñárselo a sus colegas de trabajo. Mientras salía, un camión pasó muy cerca y le arrancó de un golpe la puerta de la parte del conductor.

Afortunadamente, un oficial de policía en su automóvil de patrulla estaba lo suficientemente cerca para ver el accidente y se detuvo detrás del Bentley con las luces encendidas. Antes de que el oficial pudiera hacer las preguntas oportunas, el hombre comenzó a gritar de forma histérica porque su Bentley, que había comprado el día anterior, estaba totalmente arruinado y nunca sería el mismo, por muy bien que lo arreglaran en el taller de chapa y pintura.

Cuando finalmente el hombre logró calmarse tras su diatriba, el oficial movía su cabeza en descrédito. "No me puedo creer cuán materialista es usted", le dijo. "Está tan enfocado en sus posesiones, que se olvida de las cosas más importantes de la vida".

"¿Cómo puede usted decir eso?", preguntó el hombre.

El oficial respondió: "¿No se da cuenta de que le falta el brazo izquierdo? ¡El camión se lo arrancó cuando le golpeó!".

"¡Oh, no!", gritó el hombre. "¡Mi Rolex!".

Enfócate en lo importante. La típica bola de golf tiene más de cuatrocientos pequeños hoyitos. Esas pequeñas hendiduras permiten que la pelota vuele más lejos y más recta. Muchos golfistas profesionales han descubierto esta técnica tan eficaz: se enfocan en uno de esos hoyitos antes de golpear la bola. Estrechar su enfoque conduce a golpear más recto y conseguir golpes más largos. ¿Cuál es el hoyito de tu vida en el que tienes que concentrarte para conseguir resultados extraordinarios? Concéntrate en ello y observa lo que ocurre.

Para tener un mayor enfoque, te doy permiso de ignorar algunas cosas. Ignora a ciertas personas. Pasa por alto la petición extremadamente urgente. Olvídate de esa persona que tiene intenciones ocultas. Ignora las afirmaciones imprecisas que otros hacen acerca de ti. No dejes que el ruido del mundo te impida oír la voz enfocada del Señor. En cambio, céntrate; este es tu tiempo. En cualquier momento, tienes el poder de decir: "No, no es así como va a terminar la historia". Enfócate en los resultados, no en el remordimiento. En el impacto, no en la aprobación.

Si el diablo puede distraerte de tu tiempo a solas con Dios, entonces puede aislarte de la ayuda que viene solo de Dios. Deja a un lado lo que en realidad no es importante. Warren Buffet dijo: "Saber qué dejar de lado es tan importante como saber en qué enfocarse". La vida es corta. Concéntrate en lo que importa y deja lo que no importa. Le darás fortaleza e ímpetu a aquello en lo que te enfoques. ¿A qué le vas a prestar atención hoy que te está acercando más a donde quieres estar mañana?

Tu misión es demasiado importante como para ceder ante las distracciones. No dejes que el ruido del mundo te impida oír la voz del Señor. En nuestros momentos más oscuros es cuando más deberíamos enfocarnos en la luz de la Palabra de Dios. Tenemos tanto miedo a ser juzgados, que buscamos cualquier excusa para distraernos. Si nos enfocamos en las partes de nuestro día que controlamos, seremos más felices. El enfoque y el esfuerzo están a nuestra disposición.

Llega un momento en nuestras vidas en el que debemos aprender a decir *no* a muchas buenas ideas. Mientras más crecemos, son más las oportunidades a las que tendremos que decir no. Una clave para tener resultados es perfeccionarnos. ¡Nada produce la concentración que necesitamos como la palabra *no*! Quizá ninguna otra clave para el crecimiento y el éxito es tan ignorada como esta. La tentación es siempre hacer un poco de todo. En lugar de ello, céntrate en las cosas más importantes.

Recuerda que decir no a una buena idea no significa decir *nunca*. Ese *no* puede significar *no ahora mismo*.

La palabra *no* tiene poder. Es una palabra ungida que puede romper el yugo del compromiso excesivo y de la debilidad. Se puede usar para cambiar una situación de mala a buena, de errónea a correcta. Decir *no* puede liberarnos de cargas que no tenemos que llevar ahora mismo, y también puede permitirnos dedicar la cantidad correcta de atención y esfuerzo a las prioridades de Dios en nuestra vida.

Steve Jobs dijo: "La gente piensa que enfoque significa decir sí a aquello en lo que tienes que enfocarte. Pero no es eso lo que significa. Significa decir no a las otras cien buenas ideas que hay. Tienes que escoger cuidadosamente. Estoy tan orgulloso de muchas de las cosas que no hemos hecho como de las cosas que sí hemos hecho. La innovación es decir no a mil cosas". Enfoque no significa decir sí; significa decir no. La eficacia comienza con la eliminación. Elimina las cosas innecesarias. Para alcanzar el éxito, deja de pedir permiso a quienes quizá no tienen en su corazón tus mejores intereses.

No puedes conseguir grandes cosas si estás distraído con pequeñas cosas. Busca las acciones, no las distracciones. Debes matar de hambre tus distracciones y alimentar tu enfoque. Siempre habrá distracciones si lo permites. No más distracciones; este es el momento de ser egoísta. Quizá no estás logrando lo que quieres porque simplemente no tienes claro del todo lo que estás buscando. Consigues aquello en lo que te enfocas, así que enfócate en lo que quieres. El Dr. John DeMartini dijo: "Si no llenas tu día de acciones de máxima prioridad que te inspiran, tu día se llenará de distracciones de baja prioridad que no te inspiran".

Es fácil recordar situaciones pasadas en las que *no* o *no ahora mismo* hubiera sido la respuesta correcta. No te permitas pasar por ese tipo de estrés en el futuro. Aprende el poder del no. *Sí* y *no* son las dos palabras más importantes que dirás jamás. Estas dos palabras determinan tu destino. Cómo y cuándo decirlas afectará todo tu futuro.

Decir no a cosas menores significa decir sí a las prioridades de tu vida.

11

A VECES, LAS DECISIONES MÁS PEQUEÑAS PUEDEN CAMBIAR TU VIDA PARA SIEMPRE

No tenemos derecho a quejarnos de aquello que permitimos. Algunos de nuestros problemas continúan porque decidimos permitirlos.

Acababa de empezar a viajar y hablar en iglesias cuando recibí una invitación de una iglesia en Búfalo, Nueva York. El pastor era un hombre maravilloso que tenía una iglesia en el centro de Búfalo y conexiones con otras iglesias de la zona. Él lo organizó todo para que yo hablara en su iglesia y en varias iglesias más mientras estuve allí.

Yo era nuevo en todo esto, así que prácticamente aceptaba todo lo que la gente me ofrecía. Por teléfono, antes de llegar, el pastor me dijo que uno de sus prerrequisitos esenciales para todos los ministros que llegaban de fuera era que se hospedaran en su casa y convivieran con algunos de los miembros de su iglesia.

Él me recogió en el aeropuerto y me llevó directamente a su casa, donde nos recibió un grupo de unos doce miembros de su iglesia. Tuvimos una cena maravillosa todos juntos, y pasamos varias horas hablando sobre cuán bueno había sido el Señor en cada una de nuestras vidas.

Al entrar en su casa, el pastor me dijo que pusiera mi equipaje en una habitación al final del pasillo de donde se había servido la cena. Observé una pequeña cama en la habitación, pero no pensé mucho en ello. Cuando terminó la cena y todos se fueron, el pastor me dirigió de nuevo a esa misma habitación y me dijo que desayunaríamos en la casa por la mañana y después iríamos a la iglesia.

La puerta que tenía detrás de mí se cerró. Me quedé solo en la habitación, contemplando la cama más pequeña que había visto jamás. Me preguntaba si sería en serio o si me estaba gastando una broma. La cama era muy, muy estrecha. Me tumbé en ella y los pies me quedaban colgando, y solo mido 1,72 de altura. No tenía espacio literalmente para darme la vuelta hacia la derecha o hacia la izquierda sin que me cayera al suelo. ¡Tendría que dormir toda la noche en posición de firmes!

No dormí muy bien, y estuve toda la noche soñando con que me caía por un terraplén, a mi derecha y después a mi izquierda. Me desperté al día siguiente agradecido de seguir vivo, desayuné, y después prediqué el mejor sermón que pude.

Decidí a partir de ese momento que solo iba a dormir en hoteles con camas normales, y nunca más en casa de nadie. Nunca supe por qué él me puso en esa habitación con esa cama, pero aprendí varias lecciones, directamente de la Biblia: *"No tienen, porque no piden"*, y *"Pidan y recibirán"* (Santiago 4:2, nvi; Juan 16:24, nvi).

Las personas exitosas toman decisiones sobre la base de dónde quieren estar. Decide hoy algo por lo que tu yo futuro te dará las gracias. Ser decidido no es fácil. A veces, lo que más nos impone y lo correcto es una misma cosa.

Demasiadas veces perdemos la esperanza o nos sentimos menos libres simplemente porque lo permitimos. Todos tenemos que ser más decididos. No tomar una decisión es una decisión. El camino de la vida está pavimentado con ardillas aplastadas que se pusieron en medio de la carretera y después no pudieron decidir hacia qué lado ir. Tú no eres un producto de tus circunstancias, sino de tus decisiones. Los resultados y el éxito acompañan al compromiso y las decisiones.

¿Sueles decir: "Yo solía ser indeciso, pero ahora no estoy seguro"?

El cantante Zayn Malik dijo: "Llegará el día en que entiendas que dar la vuelta a la página es el mejor sentimiento del mundo porque te diste cuenta de que hay mucho más en el libro que la página en la que estabas estancado". No puedes comenzar el siguiente capítulo si aún estás leyendo el primero.

La indecisión es mortal. Algunas de las personas más miserables son las que nunca pueden tomar una decisión. Cuando la mente tiene dudas, es fácilmente persuadida por los impulsos más ligeros, abriendo la puerta así a muchas decisiones erróneas. Muchas veces, la indecisión hace que las cosas vayan de mal en peor. El medio de la carretera es un lugar peligroso en el que estar; te pueden atropellar los automóviles que van en ambos sentidos. ¿Cómo sabrás si es la decisión correcta si nunca la tomas? Se dice que "un hombre con un reloj sabe qué hora es; un hombre con dos relojes nunca está del todo seguro".

Un día te darás cuenta de que te alegra mucho no haberte conformado con cualquier cosa. Escogiste el plan de Dios. La Biblia dice que dejemos que la paz de Dios gobierne en nuestros corazones (ver Colosenses 3:15). Toma siempre las decisiones que están guiadas por la paz.

Si eres neutral en las cosas espirituales, finalmente te verás actuando en contra del cielo. Gracias a Dios que servimos a un Señor decidido. Él nos ha dado su paz y su Palabra para que podamos tomar decisiones sabias. No deberíamos ser el tipo de personas que afirman que Dios nos dijo una cosa esta semana y justo la contraria la semana siguiente. Dios no cambia de forma tan rápida, ni dirige a alguien a actuar en contra del buen sentido y el sano juicio que vemos en su Palabra. No es difícil tomar decisiones cuando sabes lo que crees.

Los creyentes deberíamos ser las personas más decididas. Los líderes deberían tener voluntades, no deseos. La Biblia dice: *"El hombre de doble ánimo es inconstante en todos sus caminos"* (Santiago 1:8). Una persona indecisa permite que la inestabilidad entre en cada área de su vida. Si no decidimos qué es importante para nosotros, solo haremos lo que es importante para otros. Un grado mayor de deseos e ilusiones conduce a un grado mayor de mediocridad. Ser decidido, estar enfocado, y comprometernos a cumplir un sueño aumenta de manera significativa nuestra probabilidad de tener éxito mientras cerramos la puerta a las opciones erróneas.

La mediocridad es una región que limita por el norte con la transigencia, por el sur con la indecisión, por el este con el pensamiento del pasado, y por el oeste con una falta de visión. Pregúntate: ¿Qué decisión tomaría si supiera que no voy a fallar?

Dios quiere que seas decidido. Si el diablo controla tu voluntad, controla tu destino; pero si Dios controla tu voluntad, entonces Él controla tu destino. No te quedes merodeando alrededor de las malas decisiones; eso les da el poder de definirte. Perdónate a ti mismo y reemplázalas por otras buenas en el futuro.

La decisión es tuya. No bases tus decisiones en el consejo de quienes no tienen que lidiar con los resultados. Sé decidido. No seas una persona que dice: "Mi decisión es quizá, y eso es definitivo".

Piensa en estas palabras de Kelvin Mamidi:

Hay momentos en la vida en los que debes tomar algunas decisiones difíciles. Decisiones que... te rompen el corazón. Decisiones que parecen quitarte el aliento. Decisiones que hacen que parezca el final de todo. Pero quizá esas sean las decisiones que están ahí para llevar tu vida a mejores lugares. Lugares que nunca pensaste que estarían a tu alcance. Lugares que ni sabías que existían. Lugares que habían estado esperando a que tomaras esa decisión.

El riesgo de una mala decisión es preferible al terror de la indecisión. Sé decidido, aunque eso signifique que a veces te equivocarás. Ten el valor de ser decidido. Las decisiones valientes forman grandes historias. Toma decisiones que beneficiarán a las generaciones venideras. Tus decisiones afectan a otros.

No te conformes con la "cama corta" toda tu vida. Como reflexionó el escritor Lewis Carroll: "Al final, solo lamentamos las oportunidades que no aprovechamos, las relaciones que nos dio miedo tener, y las decisiones que esperamos demasiado tiempo para tomar".

12

CUANDO TE CAIGAS, RECOGE ALGO

En ocasiones, siento que soy una autoridad en fracasos y errores. Tengo mucha experiencia.

Hace años atrás, un pastor al que no conocía me invitó a hablar en una iglesia en la que no había estado nunca. Mi vuelo salía en la mañana temprano, así que me levanté antes del amanecer para terminar mi maleta. Lo metí todo en ella y me apresuré al aeropuerto.

Cuando llevaba media hora de vuelo, comencé a repasar mi mañana, comprobando en mi mente todo lo que había metido en la maleta. ¿El traje? Listo. ¿Camisas? Listo. ¿Zapatos? Listo. De repente, me pregunté: *¿He metido mis notas?* Sí. *¿Mi Biblia?* Un momento... no estoy seguro. Miré inmediatamente dentro de mi bolsa de mano. ¡No estaba la Biblia! No la encontraba por ningún sitio, a pesar de que miré varias veces en mi bolsa.

Sentí un poquito de pánico. Ahí estaba yo, volando a una iglesia nueva dirigida por un pastor al que no conocía. No quería bajarme del avión, presentarme y decir: "Pastor, ¿me presta su Biblia?". Solo podía imaginarme al pastor pensando: *¿A quién le he confiado mi reunión del domingo?*

Tenía que hacer algo con respecto a la situación. Se me ocurrió algo que pensé que era una buena idea: conseguiría una Biblia en el aeropuerto. Sí, buscaría una librería y compraría una Biblia. Pero después pensé lo que probablemente tú estás pensando: *nunca he visto que vendan Biblias en el aeropuerto.* Comencé a desesperarme.

Me bajé del avión lo más rápido que pude y me fui directamente a la primera tienda que viera que vendía libros. "¿Venden Biblias?", pregunté desesperadamente. "No" fue la respuesta inmediata. Me apresuré a buscar otra tienda. De nuevo, pregunté por las Biblias. De forma similar, la respuesta fue negativa, pero la dependienta me dio algo de esperanza. Me dijo: "Creo que la librería que hay en la otra terminal vende Biblias, así que quizá puede mirar allí".

En ese momento, ya debería estar en la cinta de equipaje recogiendo mis maletas, pero decidí correr a la otra terminal en un último intento desesperado por conseguir una Biblia. Fui corriendo, y pasé una puerta tras otra hasta que vi una librería. Fui directamente a la cajera y, casi sin aliento, pregunté: ¿Venden Biblias?".

"Sí, tenemos", me respondió ella con alegría. "Permítame ir a buscar una para usted". Aliviado, esperé. Solo un minuto después, apareció y me entregó una Biblia pequeña y blanca de las que regalan en las comuniones. Pensé: *No he traído un traje blanco, camisa blanca, corbata blanca y zapatos blancos. ¡No puedo predicar con esta pequeña Biblia blanca!* Pero estaba desesperado, así que la compré.

Me fui rápidamente de la terminal y bajé por la escalera mecánica hasta la cinta de equipaje. Mientras bajaba los escalones, miraba a mi derecha y a mi izquierda, esperando ver a una persona con "aspecto de pastor". Al llegar al final de las escaleras, vi a un hombre que estaba solo y miraba a su alrededor. Sabía que le había encontrado.

Fui directamente hacia él y me presenté. Él me dijo: "¡Gracias a Dios que te encuentro! Esta es tu bolsa; era la única que quedaba".

Caminamos hacia su automóvil en el estacionamiento subterráneo y nos fuimos del aeropuerto. A los cinco minutos, me preguntó: "¿Te gustaría ir a la iglesia antes de ir al hotel? Me gustaría enseñarte nuestra adquisición más reciente". Por lo general, prefiero ir directamente a mi habitación, pero de repente pensé: *¡Una iglesia! ¡Seguro que tienen Biblias!* Respondí con entusiasmo: "¡Sí!".

Enseguida llegamos a la iglesia, y le seguía quedándome un poco atrás. Entramos a un recibidor asombroso, y después seguimos hacia el hermoso auditorio. Cuando estábamos a punto de entrar, vi una caja a mi izquierda. Tenía un letrero que decía Objetos Perdidos.

Mi corazón comenzó a latir un poco más deprisa; tenía la esperanza de que mi búsqueda terminara pronto y pudiera mantener intacta mi dignidad. Siguiendo al pastor, pasé junto a la caja y miré dentro. Ahí estaba, ¡una bonita Biblia! En un rápido movimiento, metí la mano y "encontré" esa Biblia.

Todo ese fin de semana prediqué con "mi" nueva Biblia. Pero, en lo recóndito de mi mente, me preguntaba si alguien de la congregación me estaría mirando y pensando: *¡Ese tipo tiene mi Biblia!*

Antes de irme de la iglesia, devolví discretamente la Biblia a la caja de Objetos Perdidos para que la persona que la había perdido pudiera recuperarla. ¡Qué hallazgo más feliz fue para mí esa Biblia!

Todos cometemos errores. Algunos son divertidos, y otros nos afectan durante toda la vida. Todos tenemos luchas y lamentos del pasado, pero no somos nuestros errores.

El primer paso para superar los errores es admitirlos. No podemos superarlos sin hacer esto. Uno de los versículos más destacados nos lo promete: *"Si confesamos nuestros pecados, él es fiel y justo para perdonar nuestros pecados, y limpiarnos de toda maldad"* (1 Juan 1:9). ¡Vaya! Gracias, Dios. ¡Cuántas veces he necesitado este versículo bíblico en mi vida!

Dios te ama mucho. Él te perdona, te limpia, *y no se detiene ahí*. Además, te hace estar en paz con Él de nuevo. ¡No hay manera de poder expresarle del todo mi gratitud por esto! Zig Ziglar decía: "No dejes que los errores y las decepciones del pasado controlen y dirijan tu futuro". Ellos no nos definen. Somos libres cuando se los entregamos a Dios.

En Japón, algunos objetos rotos no se descartan automáticamente ni se arreglan con pegamento rápido sino que, asombrosamente, a veces se reparan con oro. En lugar de que se considere un objeto sin valor, el daño se ve como una parte única de la historia del objeto, algo que suma a su peculiaridad. Cuando se repara con oro, el objeto se vuelve más valioso que cuando estaba bien. Considera esto cuando te sientas roto por una mala acción: el propósito de Dios para ti es más importante que tus errores, o tus roturas.

¿Se te ha metido el fracaso en la cabeza? El mero hecho de que hayas fracasado no significa que seas un fracaso. Nelson Mandela dijo: "Yo nunca pierdo. O gano, o aprendo". No te detengas después de un error; sacúdete el polvo, aprende la lección, y vuelve a comenzar. Cuando te caigas, levántate. Recuerda que el llamado es más elevado que la caída.

El fracaso no significa que no se haya logrado nada; siempre existe la oportunidad de aprender algo. A Dios no le sorprenden tus tropiezos. Su amor, gracia, misericordia y perdón son mayores que cualquier lío que provoques.

Todos experimentamos fracasos y cometemos errores. De hecho, las personas exitosas siempre tienen más fracasos en sus vidas que la persona promedio. Todas las grandes personas a lo largo de la historia han fracasado en algún momento de su vida.

Los que no esperan nada son los que nunca se decepcionan. Los que nunca lo intentan, nunca fracasan. Cualquiera que está logrando algo en la vida, a la vez se está arriesgando a fallar. Siempre es mejor fracasar haciendo algo que sobresalir en no hacer nada. Las personas que no tienen fracasos también tienen muy pocas victorias.

¿Cómo respondes al fracaso? Serás derribado en algún momento, pero la diferencia la marca cuán rápido te levantas. Hay una correlación positiva entre la madurez espiritual y lo rápido que responde una persona a los fracasos y errores. Las personas maduras espiritualmente tienen una capacidad más destacada para levantarse y continuar que las personas inmaduras espiritualmente. Mientras menos madura sea la persona, más tiempo se aferra a los errores del pasado.

Dios nunca nos ve a ninguno como un fracasado; Él solo nos ve como aprendices. Fracasamos solo cuando no aprendemos de cada experiencia. La decisión es nuestra: podemos decidir convertir un fracaso en un poste para atar caballos o en un poste indicador en nuestra vida.

Estas son las claves para ser libre del dominio de los errores y fracasos del pasado:

1. Aprende la lección y olvida los detalles.

2. Aprovéchate de la experiencia, pero no revivas el minuto a minuto de los detalles una y otra vez en tu mente.

3. Edifica sobre el conocimiento y avanza en tu vida.

Sherman Finesilver dijo: "No te preocupes por el fracaso. Preocúpate por las oportunidades que te pierdes cuando ni siquiera lo intentas". El fracaso de otras personas en un área concreta no garantiza *tu* fracaso. La mayoría de la gente fracasa porque tiene demasiado miedo a intentarlo siquiera. No empiezan debido al temor al fracaso. Thomas Edison, uno de los inventores más famosos del mundo, lo expresó muy bien: "Fracasé durante todo el recorrido hasta llegar al éxito".

13

LA CENICIENTA ES UNA PRUEBA DE QUE UN NUEVO PAR DE ZAPATOS PUEDE CAMBIAR TU VIDA

A todas las niñas les encanta el cuento de La Cenicienta. Es una historia de amor, sueños y cambio. La drástica transformación en la joven princesa, Cenicienta, sucede desde la cabeza hasta los zapatos de cristal, y nos enseña una lección a todos. Cuando abrazamos el cambio, ocurre algo mágico.

Cuando estaba cerca de cumplir los cincuenta, me di cuenta de que tenía que usar una fuente de letra más grande para las notas de mis sermones. También empecé a leer mi Biblia mientras hablaba con el brazo derecho extendido cada vez más para ver las letras con claridad. (¡Quizá estás asintiendo con la cabeza ahora mismo!).

Un domingo en la mañana estaba ministrando en una iglesia en el sur de California. La reunión iba bien. Yo estaba compartiendo la Palabra, con mi brazo extendido sosteniendo mi Biblia. Justo en medio del sermón, no pude evitar observar a una señora levantarse de su asiento, dirigirse hacia el pasillo central y salir del auditorio. Pensé en ello por un segundo, y después continué.

Unos diez minutos después, observé que la señora regresaba caminando por el pasillo central, pero en lugar de dirigirse a su asiento, recorrió todo el pasillo hasta el púlpito donde yo estaba de pie y me entregó una caja. Detuve mi mensaje y abrí la caja. Dentro había una Biblia recién comprada, la misma edición que yo estaba usando, pero de letra grande. ¡Se había ido a comprarla a la librería de la iglesia!

He usado esa Biblia desde entonces.

El cambio es necesario. Si no cambias, te quedarás atrás. Como las palabras impresas en esa Biblia, tu vida se vuelve menos clara cuando no te ajustas. A veces, descubrirás tú mismo lo que tienes que cambiar, y otras veces la gente te lo hará saber. Dejarán de comprar, escuchar, llamar, mandar mensajes, o sencillamente se irán. No importa dónde o cómo se produzca el descubrimiento; todos tenemos que cambiar para mejorar y crecer. John C. Maxwell dijo: "El cambio es inevitable... el crecimiento es opcional".

Hace muchos años atrás, me convertí en el líder de una empresa editorial que no había funcionado muy bien. Había tenido trece pérdidas trimestrales consecutivas, con un costo para el dueño de más de un millón de dólares desde que la compró. (Después me dijo que iba a cerrarla si no éramos capaces de cambiar la situación en un año). Una cosa que sabía de cierto era que se necesitaban cambios. Cambios radicales.

Por lo tanto, mi primer día examiné cada área de la empresa y comencé a hacer cambios sustanciales en la estrategia, el mercadeo, la adquisición de autores, y la plantilla de personal. Ya desde la primera semana, algunos miembros de la plantilla vinieron a mi oficina a quejarse: "Aquí no hacemos las cosas así". "Nunca lo hemos hecho de esta forma". "Eso no funcionará". Pero yo sabía que era justamente lo contrario. Para darle la vuelta a la empresa, *no* teníamos que hacer lo que siempre se había hecho. En realidad, tan solo un par de semanas después puse un gran letrero detrás del escritorio de mi oficina que decía: "Si esa es la forma en que siempre se ha hecho ¡quiere decir que tenemos que cambiarlo!". Sorprendentemente, todas las quejas cesaron. Se hicieron los cambios, y pasamos a tener un éxito milagroso y rentable, un éxito que nunca se habría producido sin los cambios.

Tristemente, demasiadas personas asocian seguir siendo iguales con ser espirituales. El cambio es espiritual y doloroso. La escritora Mandy Hale destacó: "Pero nada es tan doloroso como quedarse estancado en un lugar al que no perteneces". Creo en seguir el impulso del corazón, pero sin olvidarnos de llevar con nosotros el cerebro.

Los cristianos deberían abrazar el cambio mejor que los demás. ¡Tenemos el Espíritu Santo para guiarnos! Muchos versículos estupendos deberían darnos consuelo cuando estamos enfrentando un cambio. Las Escrituras nos prometen que Dios

+ nos guiará con sus ojos (ver Salmos 32:8),

+ dirigirá nuestros pasos (ver Proverbios 16:9), y

+ será una luz y una lámpara a nuestro camino y a nuestros pies (ver Salmos 119:105).

Se necesita valor para dejar lo familiar y abrazar lo nuevo. Si otros no aceptan tu cambio, tan solo diles: "Actualmente estoy en construcción. Gracias por su paciencia". Es revelador cómo alguien que era tan solo un desconocido el año pasado puede significar tanto para ti ahora. Es triste cómo alguien que significaba tanto para ti el año pasado puede ahora ser un extraño para ti. Es interesante cómo las cosas pueden cambiar en un año. A veces, tienes que decir: "Estoy haciendo algunos cambios en mi vida. Si no oyes nada de mí, tú eres uno de ellos".

La triste verdad es que la mayoría de las personas tienen miedo al cambio. Pero no tengas miedo a hacer o ser algo distinto, porque eso te está llevando a un nuevo comienzo. Cambia antes de que te veas forzado a hacerlo. Quizá tengas que decirle a la gente: "Tal vez no reconozcas esta nueva versión de mí, pero es que estoy recolocando las piezas".

Muchas personas subestiman su capacidad para cambiar. Nunca hay un momento perfecto para hacer algo que supone un reto. Da un paso adelante y haz el cambio. Estoy de acuerdo con Robin Sharma, que dijo: "Todos los cambios son difíciles al principio, complicados en la mitad, y buenos al final". Si no te gusta dónde estás, muévete. No eres una casa.

El cambio es difícil porque las personas calculan en exceso el valor de lo que tienen y subestiman el valor de lo que pueden ganar al renunciar a eso. Karen Salmansohn observó: "¿Qué ocurriría si te dijera que dentro de diez años tu vida sería exactamente igual? Dudo que te alegraras. Entonces, ¿por qué te da tanto miedo el cambio?".

Tu vida no mejora por casualidad; mejora por las decisiones que tomas. No basta con disculparte. A veces tienes que cambiar. En ocasiones, Dios te sitúa en circunstancias incómodas porque, de lo contrario, nunca te moverías.

Si no estás cambiando, te estás muriendo. Si no cambias nada, nada cambiará. Si no cambias tu camino, terminarás en el lugar donde te diriges.

Decide un cambio de verdad, no reajustes como hizo Wendy Liebman: "Mi esposo quería una de esas televisiones de pantalla grande para su cumpleaños, y yo lo que hice fue acercar más su sillón a la que ya tenemos".

Cuando Dios quiere que crezcas, te hace estar incómodo. Imagina si te despertaras un día la semana que viene y decidieras que no quieres seguir sintiéndote como te sientes. ¡Y cambiaras!

Rick Godwin dijo: "Una razón por la cual las personas se resisten al cambio es que se enfocan en lo que tienen que dejar, en lugar de en lo que tienen que ganar". La vida mejora con el cambio. Ambos están intrínsecamente conectados. Si nada cambiara, no existirían las mariposas.

Pablo Coelho escribe: "Cierra algunas puertas hoy, no por orgullo, incapacidad o arrogancia, sino simplemente porque no te llevan a ningún lugar". Es asombroso cuán drásticamente puede cambiar tu vida cuando dejas de aceptar las cosas que odias y abrazas el cambio. A menos que te llames Google, deja de actuar como si lo supieras todo.

Estamos diseñados para el cambio. Cualquiera de nosotros puede cambiar en cualquier momento de la vida, a cualquier edad. El cambio no siempre significa hacer lo contrario. La mayoría de las veces significa añadir o ajustar ligeramente lo que ya existe.

Estas son tres cosas que sabemos sobre el futuro: en primer lugar, no va a ser como el pasado. En segundo lugar, no va a ser exactamente como pensamos que va a ser. En tercer lugar, la velocidad del cambio será más rápida de lo que anticipamos.

Nada permanece tan constante como el cambio. Incluso las gemas más preciosas deben ser cinceladas y facetadas para conseguir su mejor lustre. No termines como el cemento, todo mezclado y fijo permanentemente.

En Isaías, el Señor declara:

He aquí se cumplieron las cosas primeras, y yo anuncio cosas nuevas; antes que salgan a luz, yo os las haré notorias. (42:9)

Creo que una de las principales razones por las que se escribió la Biblia fue para enseñarnos por adelantado cómo responder a muchos de los cambios y las situaciones que nos encontraríamos en la vida.

Cuando era entrenador de baloncesto hace muchos años atrás, les decía a mis jugadores que se podían preparar con antelación para situaciones que enfrentarían en la cancha. Solíamos practicar todas las situaciones posibles de un partido para que ya supieran cómo responder cuando se vieran en esas situaciones. Solo esta idea ayudó a nuestros equipos a ser muy exitosos.

Decide fluir con el plan de Dios. Sé sensible a las cosas nuevas que Él está haciendo. Permanece flexible al Espíritu Santo y ten por cierto que Dios te dirige, te ajusta, te mueve, te corrige y te cambia.

El cambio es una declaración de esperanza. Si estás decidiendo hacer algo distinto, estás diciendo que crees en lo que Dios tiene para ti mañana. Y decides ser parte de ello.

14

¿LA IMAGEN LO ES TODO?

"**P**ues el hombre mira lo que está delante de sus ojos, pero Jehová mira el corazón" (1 Samuel 16:7). No seas ingenuo pensando que tu vida significa menos que la vida aparentemente ideal de otra persona. Todos tenemos faltas.

En cambio, has de saber lo siguiente: eres la persona más específicamente dotada y equipada sobre la faz de la tierra para hacer lo que Dios te ha llamado a hacer *a ti*. De miles de millones de solicitantes, tú eres el más calificado.

La comparación nunca es prueba de nada. No confíes siempre en lo que ves. Incluso la sal parece azúcar. Facebook e Instagram son lugares estupendos para ver fotografías de vidas falsas de toda la gente que realmente no conoces. Incluso los que dicen la verdad en línea solo te están enseñando sus momentos más destacados.

Es asombrosa la claridad y la paz mental que se producen al no preocuparte de lo que los demás están haciendo y centrarte en cambio en todos tus esfuerzos por ser la persona que Dios *te* ha llamado a ser. Toda esa energía gastada en preocuparte y sentirte de segunda categoría, o menos que eso, se desvanece al instante y es reemplazada por el maravilloso sentimiento de que Dios está contigo y tiene un plan único para tu vida. Tienes que saber que lo que sucede en la vida de otra persona no tiene absolutamente nada que ver con la tuya.

Antes de que los teléfonos celulares fueran comunes y corrientes, era clave tener un reloj cuando viajabas. No había otra manera de saber la hora aparte de los relojes públicos. Yo tenía un reloj en particular que me gustaba llevar cuando viajaba. Era bonito y cómodo, y también muy preciso con la hora. Acababa de regresar de una consultoría en una iglesia en Suecia cuando recibí un pequeño paquete del ayudante del pastor y su administrador: ¡un bonito reloj Rolex Presidencial! Sí, el que tiene toda la esfera de oro y diamantes alrededor. Por desgracia, ese era una imitación, pero vaya si parecía real. Estoy seguro de que ellos me lo enviaron mitad como regalo y mitad como una broma.

Mientras hacía la maleta para un viaje a una iglesia en Missouri, preparaba mis pertenencias habituales cuando me di cuenta de que no encontraba mi reloj favorito, el que era bonito y cómodo. Como se acercaba la hora de salir hacia el aeropuerto, sabía que tenía que tomar una decisión: ir sin reloj, o llevar el Rolex falso. Con reticencia, decidí ponerme el Rolex falso. Estaba nervioso pensando por no saber qué hora sería si no lo llevaba.

Cuando aterrizó el avión y me dirigía en automóvil hacia nuestro lugar de encuentro, me esforcé mucho en que no se me viera el reloj. Destacaba, y no estaba seguro de cómo reaccionaría el pastor ante alguien que en mi posición llevara ese reloj.

Finalmente comenzó nuestra reunión, solo el pastor y yo sentados en una mesa frente a frente en una sala de conferencias. Tras unos minutos de charla, observé que el pastor llevaba un bonito Rolex. Comencé a sentirme más cómodo, hasta que él me miró, después miró mi reloj, y preguntó.

"¿Es una imitación?".

"Sí", respondí.

"El mío también", dijo él.

Ambos nos reímos, y aún hoy sigo sonriendo treinta años después. La única diferencia ahora es que él tiene un Rolex *genuino*, y yo uso mi teléfono celular para saber la hora.

Cuando la imagen se vuelve más importante que la verdad (realidad), hay una razón, y también un problema. Muchas personas viven por el dicho "tal como no soy" en lugar de "tal como soy".

Hablando de "tal como soy", hace varios años atrás el famoso autor y evangelista Billy Graham escribió un libro que era básicamente la historia de su vida. Ese libro se tituló *Tal como soy.* Ese fue un título excelente para su libro porque estaba basado en la canción que sonaba en casi todas sus cruzadas.

A la vez que se publicaba el libro de Billy Graham, salió otro libro, irónica o casualmente, que tenía exactamente el mismo título: *Tal como soy.* Ese libro era una novela gay.

Ahora bien, sé que este ejemplo podría dejarte perplejo, pero refleja el hecho de que los títulos no tienen copyright. De hecho, fui a una librería local y vi el libro de Billy Graham exhibido de forma destacada, y no te lo creerás, pero en la mesa de al lado vi exactamente el mismo título... esa novela: *Tal como soy.*

Ambos libros parecían el mismo por fuera con sus títulos iguales, pero ¡qué diferencia en su interior!

La escritora Mary DeMuth meditó: "La vida cristiana no tiene que ver con gestionar tu reputación para parecer cristiano. Se trata de entregarle tu corazón a Jesús, tu voluntad, tus emociones, tus ambiciones (realmente todo), y pedirle que viva su asombrosa vida a través de ti. Lo primero es teatro; lo otro es una fe genuina que ama a Jesús".

Deberíamos ser la misma persona en privado, en público, y en persona. Oscar Wilde escribe: "La mayoría de las personas son otras personas. Sus pensamientos son las opiniones de otros, sus vidas una mímica, sus pasiones una cita". El título de mi segundo libro lo resumía bien: *Usted nació original, no muera como una copia*. Inspírese, pero no copie. Nada es más inspirador que una persona segura de sí misma que no pretende ser algo o alguien que no es.

Si eres otra persona cuando estás con gente, la próxima vez que estés con ellos tendrás que recordar quién fuiste la última vez. Si vas a ser raro, hazlo confiadamente.

Becky Lehman observó: "La autoestima se define normalmente como la confianza en la propia valía o las habilidades propias. Como cristiana, yo defino la autoestima como tener confianza en que soy quien Dios dice que soy. No dependo de mis propias habilidades (porque pueden ser muy poco fiables), sino más bien en saber que Dios me equipará para el trabajo que Él quiere que yo haga". Tu autoestima será sólida mientras tengas en mente esta verdad atemporal: Dios te ama tal como eres, pero te ama demasiado como para dejarte así.

¿Fingir es una forma de vida para ti?

Para algunas personas, no es meramente fingirlo hasta lograrlo. Es fingir hasta que finges, hasta que finges, hasta que finges. Ten cuidado con quién pretendes ser. Podrías olvidar quién eres.

Uno de los mejores halagos que alguien puede hacerte es decir: "Tú eres diferente". Los cristianos vivimos en este mundo, pero somos extranjeros. Estamos destinados para otro lugar; esta tierra no es nuestro destino final. Deberíamos hablar diferente, actuar diferente, y comportarnos diferente. Deberíamos destacar.

Debería haber algo distinto en ti. Si no destacas en un grupo, si no hay algo único o diferente en tu vida, deberías reevaluarte. Examina bien tus pensamientos, conversaciones y acciones, y asegúrate de que sean tuyos. Sé tú mismo, ¿quién mejor preparado que tú para serlo?

Nunca me ha gustado vestirme elegante, especialmente bajo la obligación de un tema. Vístete como un vaquero para esta fiesta, sé una celebridad para esta reunión, ponte ropa de los sesenta para esta celebración. A algunas personas les encanta eso, pero a mí no. De hecho, me había emocionado recibir una invitación para algún evento hasta que supe que tenía que ser un animal de granja o alguna otra cosa incómoda. Así que no voy a esos eventos.

No estoy diciendo que vestirse con algún atuendo estrafalario esté mal, nada más lejos. Solo se trata de que, cuando toda nuestra vida es un disfraz, conversación o acción que son falsos, eso es lo que me molesta. Demasiadas personas están "disfrazadas" de otra cosa que no son ellos y pasan toda su vida así.

Querer ser yo es algo que ha estado en mí desde que nací en este mundo a mitad de la década de los cincuenta. Me gusta mi yo genuino, y prefiero que otros sean así también. Creo que a

Dios también le gusta. La Biblia dice en 1 Corintios 12:18 que le agradó cómo nos hizo. Dios nos creó a ti y a mí como Él quería, y al mismo tiempo hay espacio para mejorar.

Imagínate a Dios con una gran sonrisa en su rostro el día que naciste. Y a Él sonriendo aún más cada vez que decides genuinamente ser *tú*. Por alguna razón, me resulta fácil imaginarlo.

Cuando trabajaba en una empresa editorial, decidimos crear un estudio de la Biblia usando la versión inglesa King James (la versión que usaban los discípulos...¡es una broma!). Incluiría comentarios de todos nuestros mejores escritores.

Al recolectar muestras para estudiar, me encontré una Biblia con las palabras "Imitación de piel genuina" grabadas en papel de oro en la contraportada. De inmediato pensé que era algo chistoso, quizá como la expresión "gamba gigante", que también me hace reír.

A veces, este tipo de "piel" se denomina polipiel. Parece piel auténtica, pero es imitación y un material sintético. Que te moleste o no depende de la opinión que tengas de la piel. Y ese es mi punto: todos deberíamos valorar lo que Dios valora, que es nuestro yo genuino.

Mientras miraba la impresión de *Imitación de piel genuina*, pensé: *Muchos cristianos somos así. Genuinos, pero viviendo una vida de imitación. Sinceros, pero no siendo nosotros mismos. Dedicados, pero no libres. Haciendo lo mejor que podemos, pero llenos de remordimientos.* Como la caja de esta Biblia, queremos aparentar ser respetables y valiosos, pero somos una imitación de lo que pensamos que la gente quiere que seamos.

¿Cómo llegamos hasta ahí? No empezamos así. Si hay *algo* genuino en el mundo, es un bebé. Comenzamos la vida siendo completamente reales y honestos. Desde la infancia hasta el comienzo de la escuela, por lo general pensamos: *¿Por qué no?* Todo es posible.

Los niños son genuinos porque siempre hacen preguntas y están abiertos a ver el mundo desde muchos puntos de vista: el héroe deportivo, el superhéroe, el príncipe o la princesa, el payaso, mamá o papá, y otros. Crean historias y se imaginan formas distintas de usar cosas comunes, como hacerse una batería con cosas que encuentran por casa o un sombrero prácticamente de cualquier cosa. Lo que sienten en su interior, lo hacen. Eso es lo que hacen mis nietos todos los días.

Creo que hay algo dentro de cada persona gritando por ser quien Dios quiere que sea. No un título en el trabajo, un estatus de nivel o un logro físico, sino esa persona que sabe genuinamente que es.

15

DISFRUTA PROFUNDAMENTE EL OCUPARTE DE TUS PROPIOS ASUNTOS

Hay una acción garantizada para nublar tu mente y sacarte de la pista: entrometerte en los asuntos de los demás. Mientras más te involucres, más absorbido estarás. Al igual que una esponja, los problemas de los demás absorben tus mejores ideas y energías. No te entrometas en asuntos que no te incumben. Eso solo te creará más problemas.

Proverbios 20:3 dice: *"Cualquier tonto inicia un pleito, pero quien lo evita merece aplausos"* (TLA). En cambio, aléjate de los problemas en dirección a tu destino. Las personas exitosas nunca se preocupan por lo que hacen otros. Preocúpate de tus propios pecados; no te preguntarán por los de los demás ¿Cómo te ayudará a pagar tus facturas el involucrarte en los asuntos y problemas de los demás?

Alaska era un estado en el que nunca había estado hasta que recibí una invitación para hablar en una conferencia organizada por una iglesia floreciente en Anchorage. Era una conferencia de dos días, y tuve el honor de ser el conferencista invitado. La conferencia estaba yendo muy bien, con mucha gente en ambos lados del pasillo de la iglesia.

Ya estaba muy metido en mi mensaje la primera noche cuando, justo en medio de mi charla, un hombre gritó: "¿Eso es aplicable también a tu esposa?". Ligeramente asombrado por la interrupción, respondí: "Por supuesto". Seguí hablando, preguntándome todo el tiempo de que se trataba eso. Hasta la fecha, no recuerdo lo que dije que suscitó en él esa pregunta.

Cuando estaba terminando el mensaje, observé que todos los ujieres se situaban a lo largo de las paredes cercanas al frente de la iglesia. Al cerrar la reunión y bajarme de la plataforma, vi al hombre que había gritado durante la reunión que se acercaba enérgicamente hacia mí. Al mismo tiempo, todos los ujieres comenzaron a acudir en dirección a mí para situarse entre ese hombre y yo. Comencé a preguntarme si ese hombre era peligroso.

Antes de que el hombre pudiera llegar a mí, yo ya estaba totalmente rodeado por los ujieres. Aun así, se las arregló para gritarme: "Siento haber dicho eso mientras estabas hablando".

Le dije: "No hay problema", y se fue sin más incidentes.

Después de la reunión, fui a cenar con el pastor y su esposa. No pude evitar preguntarle: "¿Qué pasó con ese tipo que habló esta noche?".

El pastor me miró con una expresión de "no te lo vas a creer". Dijo: "El hombre que oíste en la reunión ha estado en nuestra iglesia por varios años. Es un exoficial de policía. Su puesto era en el aeropuerto. Hace un año aproximadamente, estaba trabajando y se metió en una disputa con un adolescente cerca del aeropuerto. El altercado se intensificó y el joven huyó. Él persiguió al joven, se metió en una riña con él, le disparó y lo mató".

Aparentemente, no estuvo claro si la muerte estuvo justificada, y el oficial de policía estaba bajo investigación.

Él continuó: "Además, me enteré de que todo el incidente había afectado su personalidad y su familia. Su esposa le dejó y se fue con otro hombre. Ella estaba aquí hoy, con el otro hombre, al otro lado del pasillo de donde él estaba. Esa fue la razón de su comentario: '¿Eso es aplicable también a tu esposa?'. Hubo también un disparo hace un año a un ministro en una reunión cercana, así que todos sabían eso".

Todos menos yo, pensé.

¿Qué aprendí de todo eso? A veces, menos es más. Muchas veces es mejor no saberlo todo. Y siempre es mejor mantenerte lejos de los problemas de otras personas.

¿Te imaginas mi estado mental si hubiera sabido todo eso mientras hablaba? Estoy seguro de que me habría distraído y no habría estado tan enfocado como debería. Aunque de algún modo puse mis palabras en la situación de ese hombre entre su esposa y él, ciertamente no lo hice a propósito. ¡No soy así!

Dicen que la leche es buena para los dientes. ¿Sabes qué más es bueno para los dientes? Ocuparte de tus propios asuntos. Para conservar todos los dientes, (1) cepilla, (2) enjuaga, y (3) ocúpate de tus propios asuntos.

Meterse en pleitos ajenos es como agarrar a un perro por las orejas. (Proverbios 26:17, NVI)

No molestes a los problemas hasta que los problemas te molesten a ti.

El Dr. Steve Maraboli preguntó: "¿Cómo tengo días productivos con el mínimo drama? Sencillo; me ocupo de mis propios asuntos". Nada te dará más paz que mantenerte lejos de los asuntos de los demás.

"Mantente alejado de la pelea", me dijo una vez un hombre sabio. Mientras más te involucres, más te absorberá. Tus mejores ideas y energías quedarán absorbidas en el revuelo de los problemas de otros. Evita las opiniones sobre cosas que no son responsabilidad tuya. Cambia el canal, sal del acalorado tema en el Internet, detén el chisme, y mantente en tu propio círculo.

Haz que tu día sea feliz ocupándote de tus propios asuntos. Gira hacia tu destino. Lo mejor que puedes hacer es ocuparte de tus propios asuntos, desarrollar tus asuntos, manejar tus asuntos, y mantenerte lejos de personas conflictivas que siempre se andan metiendo en los asuntos de los demás.

"Ocúpate de tu propio pastel y la vida será fácil", canta Kacey Musgraves.

16

LA VICTORIA DE OTRA PERSONA NO ES TU DERROTA

Un autobús que transporta solo a personas feas se choca contra un camión y mueren todos los ocupantes del autobús. Mientras están de pie ante las puertas de perlas esperando a entrar en el paraíso y reunirse con su Creador, Dios decide conceder a cada persona un deseo por la tristeza que habían experimentado.

Están todos en fila, y Dios le pregunta al primero cuál es su deseo. "Quiero ser guapo", dijo, así que Dios chasca sus dedos y queda hecho. El segundo de la fila oye lo sucedido, y dice: "Yo también quiero ser guapo".

Otro chasquido de dedos, y el deseo está concedido.

Se repite este suceso varias veces, todos pidiendo ser guapos, pero cuando Dios va por la mitad de la fila, el último se empieza a reír. Cuando solo quedan diez personas, este tipo se está revolcando por el suelo de la risa.

Finalmente, Dios llega hasta este último tipo de la fila y le pregunta cuál es su deseo. El tipo finalmente logra calmarse y dice: "Que todos vuelvan a ser feos".

Siempre puedes encontrar a alguien más guapo que tú, más exitoso, con una familia mejor que la tuya, con más oportunidades que tú, con más dinero que tú; la envidia es insaciable.

Una manera más productiva de pensar es compararte contigo mismo, o quizá es mejor compararte con el plan que Dios tenga para tu vida. Dios te da todo lo que necesitas para tener éxito con su plan. Aprecia lo que tienes, y eso te hará ser una persona más positiva y productiva porque ya no te compararás con nadie.

Hay personas que son felices con menos de lo que tú tienes. Hay personas a quienes les gustaría intercambiar su situación por la tuya. Estoy seguro de que millones de personas en todo el mundo abandonarían gustosamente lo que tienen para tener lo que tienes tú. Desarrolla en cambio una mentalidad de abundancia, una actitud de agradecimiento por todo lo que tienes y todo aquello de lo que te has librado. Hay dos cosas que te definen: tu paciencia cuando no tienes nada, y tu actitud cuando lo tienes todo.

Recuerda estas palabras de Elizabeth O'Connor: "La envidia es un síntoma de falta de aprecio de nuestra propia particularidad y autoestima. Cada uno tiene algo que dar que nadie más tiene". La envidia es una pérdida de tiempo. Tú ya tienes todo lo que necesitas para comenzar lo que Dios quiere que hagas.

Cuando permites que la envidia domine tu vida, no podrás evitar notar que todos los demás tienen más que tú. O eso crees al menos. Nada es lo que parece. La verdad es que la envidia tiene un poder especial, un tipo de imán especial que te atrae a cosas que parecen mucho mejores que lo que tienes o no tienes.

Job 5:2 dice:

Te aseguro que el resentimiento destruye al necio, y los celos matan al ingenuo. (NTV)

Nunca hagas lo que hace el envidioso, celoso e inseguro. Sé el diligente, el que desea buenas cosas y el triunfador. Los celos nos quedan muy mal y, sin embargo, muchos se siguen vistiendo de ellos.

Tony Gaskins dijo: "Nunca envidies. No sabes lo que una persona tuvo que pasar para llegar a conseguir lo que tiene. No sabes por lo que está pasando para mantener lo que tiene. Enfócate en tu vida y sigue trabajando para mejorarla". La envidia es un espejismo, y lo que crees que ves en otra persona probablemente no está ahí.

Cuando algo bueno le ocurre a alguien, eso no te resta nada a ti. Es más, observa a la gente que se alegra por tu felicidad y se entristece con tu tristeza. Ellos son los que merecen un lugar único en tu corazón.

Cada persona probablemente es tentada a estar celosa de alguien, así que la próxima vez que estés mirando a alguien y pensando: *Me gustaría ser así de exitoso/guapo/talentoso*, recuerda que alguien está pensando eso mismo de ti.

No te engañes al contar las bendiciones de otras personas en lugar de las tuyas. Gálatas 6:4 dice: "*Cada uno debe examinar su propia conducta. Si es buena, podrá sentirse satisfecho de sus acciones, pero no debe compararse con los demás*" (TLA). Proverbios 14:30 nos recuerda:

> *El corazón tranquilo da vida al cuerpo, pero la envidia corroe los huesos.* (NVI)

Había un cazador que se hizo con un perro de aves especial. El perro era único en su especie porque podía caminar por el agua. Un día, el cazador invitó a un amigo a cazar con él para poder presumir de su preciada posesión.

Tras un tiempo, dispararon a algunos patos, los cuales cayeron en el río. El hombre le ordenó a su perro correr y traer las aves. El perro corrió por el agua para traer las aves. El hombre esperaba un halago de su amigo por el perro tan asombroso que tenía, pero no recibió ninguno.

Sintió curiosidad, y le preguntó a su amigo si no había notado nada inusual en su perro. El amigo respondió: "Sí, observé algo inusual en tu perro. ¡Tu perro no sabe nadar!".

Más del 90 por ciento de las personas que nos encontramos cada día son negativas. Escogen mirar el agujero del medio en lugar de mirar el *donut*. Santiago 3:14-16 dice: *"Pero si tenéis celos amargos y contención en vuestro corazón, no os jactéis, ni mintáis contra la verdad; porque esta sabiduría no es la que desciende de lo alto, sino terrenal, animal, diabólica. Porque donde hay celos y contención, allí hay perturbación y toda obra perversa".*

Por lo tanto, haz todo lo posible por eliminar de tu corazón la envidia, la malicia, los celos, el odio y el rencor. Eso te permitirá tener buenas palabras que provienen de un corazón puro hacia los demás. Nunca te sentirás defraudado con esa decisión.

17

VETE A LA CAMA CON UN SUEÑO Y DESPIERTA CON UN PROPÓSITO

Tuve la oportunidad de trabajar para la mayor editorial cristiana de los Estados Unidos. Como vicepresidente y editor, supervisaba todas las publicaciones y adquisiciones de libros de escritores en el mundo cristiano no denominacional. En este papel, me relacioné con muchos de los principales ministros y pastores. Por supuesto, bastantes personas más querían contactar conmigo para ver si podíamos publicar sus libros también.

Nunca olvidaré uno de esos encuentros. Recibí una llamada de un hombre de quien había oído hablar, pero al que no conocía personalmente. En cuanto comenzó nuestra conversación, me dijo que tenía cinco grandes ideas para libros y que venderían fácilmente un millón de ejemplares cada uno. (Decir eso a una persona con mi experiencia no es una gran idea). Escuché de qué se trataba cada libro. Eran ideas decentes, pero nada particularmente extraordinario y singular. Y no había forma de que se vendieran tantos ejemplares como él pensaba.

Creo que él pudo sentir mi reticencia, porque siguió subiendo la apuesta en cuanto a la cifra de ventas. Me dijo: "Estoy bendecido, y si haces un libro conmigo, tú también serás bendecido".

Esta frase ya la había escuchado antes. Siguió diciéndome que ganaría millones asociándome con él.

Así que decidí hacerle una pregunta. Le dije: "*¿Por qué* escribes esos libros?", esperando que compartiera una buena motivación de fondo.

En cambio, me dijo: "Bueno, ¡quiero ser rico!". Recuerdo que pensé: *Creía que ya eras rico.*

Le dije que necesitaba un par de días y entonces le daría una respuesta. Estaba seguro al 99 por ciento de que sabía cuál sería mi decisión. Lo llamé un par de días después y le dije que no haríamos esos libros porque no encajaban con nosotros en ese momento. Se enojó por mi decisión. Me dijo que estaba "ignorando a Dios" y me instó a reconsiderar mi respuesta. Le dije que mi respuesta era definitiva, pero que le deseaba lo mejor.

Solo un par de años después, ese hombre estaba en las noticias nacionales por una gran pelea matrimonial en público, un divorcio complicado, y muchas otras cosas que salieron a la luz. Escuchar eso me hizo recordar cuán importante es el propósito. El *porqué* que hay detrás de tus acciones e ideas es muy importante.

Jacob Nordby dijo: "¿Tú sabes que de vez en cuando haces algo y esa vocecita en tu interior te dice: 'Ahí. Eso es. Por eso estás aquí'...y sientes un calorcito en el corazón porque sabes que es cierto? Haz más de eso".

¿Qué te da vida? ¿Cuándo miras a Dios y dices: "Señor, por favor, permíteme hacer más de eso por otros"? Tu misión debería darte un poco de miedo y emocionarte mucho.

Si no consigues averiguar tu propósito, averigua tu pasión. Tu pasión te llevará directamente a tu propósito. Henry

Mencken observó: "Llegas al mundo con nada, y el propósito de tu vida es hacer algo de la nada".

No puedes verter nada de un vaso vacío.

Como aguas profundas es el consejo en el corazón del hombre; Mas el hombre entendido lo alcanzará.

(Proverbios 20:5)

Llénate de tu propósito, y serás capaz de compartirlo con otros.

¡Qué maravilloso es que el mismo Dios que creó los montes, los océanos y las galaxias te mire y piense que el mundo necesitaba uno como tú también! Cuando empiezas a ver tu valía desde el punto de vista de Dios, descubres que es más difícil estar junto a personas que no lo ven.

Un autor anónimo una vez escribió: "Tu vida tiene un propósito. Tu historia es importante. Tus sueños cuentan. Tu voz importa. Tú naciste para marcar un impacto". Ten una visión para el futuro con el fin de no quedarte estancado en el pasado.

También he escuchado decir: "Sé intrépido en la persecución de lo que enciende tu alma". En palabras de Martin Luther King Jr., tu oración debería ser: "Úsame, Dios. Muéstrame cómo tomar quien soy, quien quiero ser y lo que puedo hacer, y usarlo para un propósito mayor que yo mismo".

Si realmente quieres oír a Dios reír, cuéntale tus planes y exactamente cómo vas a conseguirlos. En lugar de eso, invita a Dios a ser parte. Pregúntale cuál es su propósito para tu vida y cómo quiere Él que lo alcances. El Señor promete:

Te haré entender, y te enseñaré el camino en que debes andar; sobre ti fijaré mis ojos.   (Salmos 32:8)

Tu mayor riqueza es la presencia de Dios contigo.

Hay una persistencia en la dirección. La Biblia dice:

El corazón humano genera muchos proyectos, pero al final prevalecen los designios del Señor.

(Proverbios 19:21, NVI)

Las ideas se van, pero la dirección se queda. Hay una persistencia en la dirección y el propósito de Dios.

Sé una persona con una misión, no solo alguien que pasa el rato. El evangelista R. W. Schambach lo dijo así: "Sé llamado y enviado, no salgas apresuradamente". Tú eres una persona con propósito, no un problema. El propósito alimenta la pasión. Encuentra algo por lo cual vivir y morir.

Me gustaría hacerte una pregunta importante: ¿Ha terminado Dios contigo? Puede parecerte que se ha rendido contigo o que nunca podría usarte como pensaste que lo haría, pero hay algo en lo más hondo de tu ser que dice: *Dios me ha hecho de cierta forma, a propósito para un propósito.* A veces, te sientes intranquilo porque sabes que estás hecho para más. Las tablas de planchar son tablas de surf que abandonaron sus sueños y consiguieron un trabajo tedioso. No seas una tabla de planchar.

Nunca subestimes el propósito de los dones que hay en tu interior. Te han sido dados para que puedas cumplir el llamado de Dios más pleno en tu vida y afectar las almas de quienes están conectados a tus dones. Dolly Parton dijo: "Todo lo que Dios hace tiene un propósito. Y, como Dios está en cada uno de nosotros, cada uno de nosotros tiene un propósito. Averigua quién eres, y después hazlo a propósito".

Hay personas esperando que el propósito que Dios ha puesto en ti les afecte. Tu contribución más importante quizá no sea algo que haces, sino alguien a quien educas. Tony Evans dijo: "Cuando entiendas que el propósito de Dios para tu vida no se trata solo de ti, Él te usará de una forma poderosa". ¡Ahora ve y hazlo!

18

LOS MILAGROS LLEGAN POR MOMENTOS

Me invitaron a hablar en un tiempo devocional en la mañana temprano por veinte minutos. Recuerdo trabajar en mis notas para la charla sobre un cuaderno con páginas verdes. Creo que nunca había usado páginas verdes para mis charlas hasta ese momento, ni las he vuelto a usar desde entonces. Mis notas para esta charla incluían treinta y cinco puntos. Poco me imaginaba yo entonces que cubrir tantas ideas en una breve cantidad de tiempo sería la base para escribir mis libros de mayor venta.

La noche anterior me acosté antes de lo habitual. Cuando desperté, no me hice mis preguntas típicas. *¿Qué hora será? ¿Qué ropa me pongo? ¿Dónde dejé las llaves?* No, en vez de eso, mi primer pensamiento fue *Un enemigo llamado promedio*. Sí, creo que Dios me estaba dando no solo un título para mi charla, sino también un excelente título para el libro que estaba escribiendo.

Escribí esa frase en la parte superior de mis notas y después le dije a mi audiencia: "Hoy, quiero compartir con ustedes sobre un enemigo llamado promedio". Tras mi mensaje, varias personas se acercaron a mí y me dijeron: "Es un título genial para un libro". Yo les respondí con una sonrisa: "Lo sé, es mío; ¡no lo usen!".

No tenía idea de lo mucho que esa frase y ese libro impactarían mi vida y las vidas de cientos de miles de personas en todo el mundo.

Guardé mis notas originales en ese cuaderno de hojas verdes. Recientemente, mi hija Michelle me sorprendió enmarcándolas de una forma muy bonita. Cuando abrí su regalo, se me saltaron las lágrimas al recordar cómo Dios, en su amor por la gente, me dio esa frase. Fue el depósito milagroso de Dios en mi corazón aquella mañana.

Parafraseando a Oral Roberts, vivamos esperando un milagro. No lo digo en un sentido extraño, espiritualizando todo en exceso, sino siendo conscientes de que el creador del universo es nuestro Padre, y es capaz de hacer *cualquier cosa, en cualquier momento y en cualquier lugar.* Cuando decides (sí, decides) tener esa mentalidad, tu perspectiva cambia automáticamente.

Soy realista: espero milagros en cualquier momento. Pongo todo mi empeño en tener una sospecha santa de que Dios se propone algo bueno cada día. En ocasiones, Dios deja caer algo en tus manos para que lo compartas y hagas que otros sean mejores. Él lo hace porque ama a la gente. Él confía en ti y en mí para que hagamos algo con ello para bendecir a otros.

Los milagros se producen cada día, así que nunca dejes de creer. El momento en que estés listo para rendirte, por lo general es el momento justo antes de que se produzca un milagro. Dios puede cambiar las cosas muy rápidamente en tu vida. Abre tu corazón e invita a Dios a cada circunstancia, porque cuando Él entra en escena, se producen los milagros.

La pregunta no es: "¿Nos habla Dios?". La pregunta es: "¿Estamos escuchando?".

Detente cada día y contempla el tamaño de Dios. ¿Quién es Dios? ¿Cuál es su personalidad? ¿Cuáles son sus rasgos de carácter? Según la Biblia, Él es eterno, justo, amoroso, santo, divino, omnisciente, omnipotente, omnipresente y soberano. Él es luz, perfección, abundancia, salvación, sabiduría y amor. Él es nuestro Creador, Salvador, Libertador, Redentor, Proveedor, Sanador, Abogado defensor y Amigo.

Porque el Señor es el gran Dios, el gran Rey sobre todos los dioses.   (Salmos 95:3, nvi)

A menudo viajo en avión, y uno de los beneficios es la idea que me hago de la perspectiva de Dios. Me gusta mirar mis retos desde doce mil metros de altura sobre la tierra. Puedo ver que ningún problema es demasiado grande para que Dios intervenga, y me maravillo de que ninguna persona es demasiado pequeña para conseguir la atención de Dios.

Dios es siempre capaz. Si no necesitas milagros, no necesitas a Dios. Dave Bordon, un amigo mío, lo expresó muy bien: "No entiendo la situación, pero entiendo a Dios". Vive valientemente. Esfuérzate. No te conformes.

Dios asemeja nuestra vida en Él a la siembra y la cosecha. ¿Te das cuenta de cuán milagroso es eso? Permíteme darte un ejemplo conservador: supongamos que un grano de maíz produce un tallo con dos mazorcas, y cada mazorca tiene doscientos granos. De esos cuatrocientos granos salen cuatrocientos tallos con ciento sesenta mil granos. Esta enorme cosecha es el resultado de una semilla plantada tan solo una temporada antes.

El ámbito milagroso de Dios conlleva multiplicación y aumento que beneficia a muchos. Esa sola frase que Dios me dio abrió la puerta para hablar a millones de personas en todo el mundo.

Ten pensamientos milagrosos. Busca a Dios obrando a tu favor. Cree su Palabra. Llena tu mente de ideas sobrenaturales. Pídele a tu Padre celestial que te ayude a renovar tu mente y a entender lo mucho que Él te ama. Nuestra confesión al Señor debería ser Jeremías 32:17: "*¡Ah, Señor mi Dios! Tú, con tu gran fuerza y tu brazo poderoso, has hecho los cielos y la tierra. Para ti no hay nada imposible*" (NVI).

Dios es mayor que _____ (llena el espacio en blanco para tu propia vida).

Escribir mi primer libro comenzó como un sueño, una clase de esperanza imposible. A veces me pregunto si habría conseguido terminar ese libro sin ese título que me fue dado divinamente.

Tú y yo tenemos dos maneras de pensar acerca de nuestra vida. Podemos vivir nuestra vida como si nada fuera un milagro o como si todo fuera un milagro. Yo escojo la segunda. ¿Y tú?

19

CONTINÚA, TODO LO QUE NECESITAS LLEGARÁ A TI EN EL MOMENTO OPORTUNO

Decidí hacer la carrera de administración de empresas al comienzo de mi primer año de universidad. Llegué a la conclusión de que ese grado me ofrecería las mejores oportunidades laborales al salir de la universidad, y admiraba a mi papá, que era empresario. Recibí las típicas asignaturas de un primer curso de carrera, como principios de administración, economía, y contabilidad básica.

Nunca olvidaré mi primer día en la clase de contabilidad. Como no había decidido estudiar comercio hasta unas semanas antes de empezar, rápidamente descubrí que la mayoría de mis compañeros de clase habían tomado contabilidad en la secundaria. Eso les daba un entendimiento básico de contabilidad, así que yo sentía que iba como dos meses por detrás de ellos el primer día.

Nuestro instructor era un profesor de alto nivel. También tenía fama de ser muy exigente y de dar exámenes que nadie podía terminar a tiempo. Además, no me gustaba la asignatura, ya que para mí era casi como un idioma extranjero. Si sabes algo de contabilidad, en su mayor parte contradice la lógica. Muchos números que crees que serían débito se ponen como crédito, y los créditos se ponen como débitos. Es complicado, por decirlo suave.

El remate final fue que la contabilidad era una asignatura obligatoria para graduarse con el título que yo había escogido. ¡Dos años estudiando eso! Estaba decidido a dar lo mejor de mí, y cándidamente, mi meta más alta era conseguir un "Bueno". Ese era el mínimo necesario. Fue difícil para mí.

Todos los trabajos los teníamos que hacer en un libro de contabilidad de papel verde con un lapicero del número 2. Recuerdo tardar horas en hacer cada trabajo, ¡y eran muchos trabajos! Tras pasar horas en un trabajo, no era capaz de hacer que cuadrara, y cuadrar un libro de contabilidad es la meta fundamental de toda la contabilidad. Por mucho que lo intentaba, ¡me sobraban once céntimos!

Lo que sucedió después de algún modo me convirtió en una leyenda en la escuela de negocios. Hice algo que para mí tenía sentido. Pegué con celo una moneda de diez céntimos y otra de un céntimo a mi trabajo y se lo entregué a mi profesor con esta nota: "Aquí están los once céntimos que no puedo encontrar en este trabajo. Espero que esto lo solucione. Tengo la intención de ir a mercadeo y hacer dinero suficiente después de graduarme para poder pagar a alguien para que me lleve la contabilidad. Atentamente, John Mason".

Este es el punto. Una de las mayores subestimaciones en la Biblia es esta:

Porque mis pensamientos no son sus pensamientos ni sus caminos son mis caminos, dice el SEÑOR. Como son más altos los cielos que la tierra, así mis caminos son más altos que sus caminos, y mis pensamientos más altos que sus pensamientos. (Isaías 55:8-9, rva)

Es imposible imaginar todo lo que Dios puede hacer. Quizá no siempre te dé lo que quieres, como lo quieres y donde lo quieres. Puedes intentar tratarlo como un Dios a demanda, pero no es así como Él actúa en tu vida. Créeme, Él tiene un plan mejor. La humanidad dice: "Muéstramelo, y confiaré en ti". Dios dice: "Confía en mí, y yo te lo mostraré". Sus soluciones son vastas. Su camino es infinitamente más alto que nuestros caminos, y es perfecto. A veces Él te librará directamente de algunas situaciones, pero otras veces encontrará una manera de que puedas bordearlo o atravesarlo.

No estoy diciendo que Dios me dirigió a pegar ese dinero a mi trabajo (eso sería estirar mucho la goma), pero sé que hay muchas maneras en las que Dios puede llevarte donde Él quiere que estés. No le pongas límites. Mantente abierto a cada idea y camino que Él ponga delante de ti.

Sin fe, no podemos agradar a Dios. Margaret Shepherd observó: "A veces, tu único transporte disponible es un salto de fe".

Dios promete dar sabiduría a quienes la piden en fe. La verdadera paz llega al saber que Dios está en control. En ocasiones, lo mejor que puedes hacer es no pensar, no preguntarte, no imaginar nada, no obsesionarte. Tan solo detente y ten fe en que todo obrará para tu bien. He oído decir que hay que creer siempre en Dios porque hay algunas preguntas que ni siquiera Google puede responder.

Si una acción no incluye fe, no es digna de ser llamada dirección de Dios. Persevera, pues Dios tiene algo para ti que solo tú puedes cumplir. Mantente en el rumbo. Dios sigue escribiendo tu historia. No abandones tu fe por lo que aún no has visto. Algún día sabrás por qué todo ello valió la pena.

Las personas que se preguntan si el vaso está medio vacío o medio lleno no lo captan. El vaso se puede rellenar.

Cuando vives por fe, eres más fuerte de lo que crees, Jesús está más cerca de lo que piensas, y eres más amado de lo que te imaginas. Dios ha dictaminado a favor tuyo, y nada ni nadie puede trastocar ese dictamen. Él ha determinado el resultado de tu situación y ha proclamado bendiciones, victoria, avance, sanidad y liberación para ti. Él es la autoridad final. Él está obrando, de forma predecible y segura, para que todas las cosas obren para tu bien.

Dios quiere que cada uno pueda atravesar cualquier situación que enfrente. Dios tiene el tiempo perfecto para todo. Aprende a esperar en Él. Esto le da honor a Él, y a ti paz.

No debemos dejar que lo que estamos viendo nos mueva, sino lo que no vemos. Eso es lo que quiso decir el apóstol cuando escribió: *"porque por fe andamos, no por vista"* (2 Corintios 5:7).

Hoy es el día para comenzar a caminar por fe, justo en medio de tus actuales circunstancias.

20

LO MEJOR QUE APRECIAR EN LA VIDA ES LOS UNOS A LOS OTROS

No mucho después de que la Ley de Cuidado Asequible de la Salud (*Affordable Care Act*, también conocida como el Obamacare) se convirtió en ley, recibimos la llamada más inusual en nuestra oficina. Quien llamaba se identificó como una de las líderes principales dentro del Departamento de Servicios Humanos de los Estados Unidos. Dijo que su equipo era el encargado de la implementación del Obamacare y que necesitaban ánimo desesperadamente.

Si alguien necesitaba un empujón, eran estas personas.

Al parecer, ella leyó mi libro *Un enemigo llamado promedio* y ahora me estaba invitando a hablar a todo el equipo de liderazgo, que eran unas cincuenta personas de la plantilla superior del gobierno. El grupo incluía a muchos trabajadores civiles importantes de varias ramas del gobierno. Ella también me dijo que esos líderes no eran designados políticos, sino empleados a largo plazo. Algunos estaban de acuerdo con el Obamacare y otros no. Sin embargo, su trabajo era hacer que funcionara, como habían hecho hacía unos años atrás con el programa de prescripción de medicamentos para el Presidente George Bush.

Al principio, mi hija Michelle, que fue quien respondió la llamada, pensaba que era una broma. El lanzamiento de este programa había sido un reto enorme, con problemas relacionados con la página web, la disponibilidad y la información; y la lista continuaba.

Hablé bastante tiempo con la persona que llamaba acerca de la situación de ellos y cómo habían trabajado día y noche, fines de semana y días de fiesta, para intentar enderezar este enorme barco del gobierno. La mayoría de los trabajadores se habían tomado muy pocos días libres desde que se había convertido en ley. Estos empleados eran ejecutivos veteranos, y la mayoría de ellos llevaban trabajando para el gobierno federal por veinte o treinta años, o incluso más.

Ella también me informó sobre las pautas para los conferencistas: nada de comentarios religiosos ni ideas políticas. Esa sala llena de empleados sería lo más diversa que me pudiera imaginar, con personas de todo tipo de ideas religiosas, políticas, étnicas, sexuales y filosóficas imaginables.

Estaba fuera de mi zona cómoda. *Justo donde se supone que debo estar*, pensé. Dios me estaba estirando, y sabía que cuando Dios hace eso, nunca vuelvo a mi forma original. ¡Estaba emocionado!

Me preparé, trabajando en lo que iba a decir y en lo que no. Me sentía seguro de poder servirles bien con mi charla. Y se les permitiría hacer preguntas después de que yo terminara, lo cual es algo que disfruto.

El día de mi charla, la seguridad era muy extrema. Un líder militar veterano me recogió, y cuando llegamos a nuestro destino, pasé por varios puntos de control. Mientras estaba sentado en el automóvil y nos dirigíamos hacia la reunión, había comenzado a tener un pensamiento del que no me podía deshacer. Estas personas estaban haciendo fielmente su trabajo bajo una presión enorme, y les estaban lloviendo críticas que ellos no habían hecho nada para merecer. Sabía que tenía que decírselo.

Estoy seguro de que tú has hecho eso. Ves a un militar o a un oficial de policía vestido de uniforme, quizá en un avión, en una tienda o en un evento público, te acercas a él y le dices: "Gracias por sus servicios". Te hizo sentir bien a ti y, seguramente, también le hizo sentir bien a él. Comencé a sentir eso hacia estos siervos civiles, no solo por su trabajo en medio de la incertidumbre de esta ley, sino también por las décadas de servicio que habían dado a nuestro país y a mí.

Después de que me presentaran, me puse de pie delante del grupo. La expresión en la mayoría de sus miradas me decía que preferían estar en cualquier otro lugar. *Donde fuera.* No era una audiencia amigable de un domingo en la mañana. Les dije que tenía algo que decirles desde el fondo de mi corazón antes de empezar. Miré a la audiencia, estableciendo contacto visual con todos los que me era posible, y dije: "¡Gracias por *su* servicio!".

No te creerías el cambio inmediato en el rostro de todos los que podía ver. Una simple palabra de ánimo, un gracias, es lo único que les di. Resultó muy poderoso.

La conferencia salió bien. Las preguntas del final pasaron rápidamente de los negocios a lo personal, y las personas me abrieron su corazón. Les dije, sobre la base de mi propia vida, que yo dependía de la ayuda de Dios.

Mientras nos comíamos un almuerzo de catering después, muchas personas se acercaron a mí y me dijeron: "Llevo trabajando para el gobierno por más de veinte años, y nadie jamás me ha dado las gracias por mi servicio. Tú lo hiciste. No te imaginas lo mucho que eso ha significado para mí".

No tenía ni idea que esas simples palabras, *gracias por su servicio*, tocarían tanto a la gente. Nunca subestimes el poder de un simple gracias o un halago esporádico. ¿Cuándo fue la última vez que diste gracias a quienes tienes más cerca de ti, o a aquellos con los que interactúas cada día? Tan solo imagínate por un momento cómo sería tu vida si lo hicieras.

Nunca malgastes la oportunidad de decirle a alguien que le amas y aprecias, porque nunca sabes si mañana podría ser demasiado tarde. Una manera excelente de apreciar a alguien es imaginarte tu vida sin esa persona.

Acércate y aprecia a los que están más cerca de ti cada día, ¡porque lo que haces a diario importa!

Creo que nuestro yo genuino es un yo agradecido, un yo que aprecia a los demás. Un simple gracias o una palabra de ánimo pueden ser muy poderosos. No tienes que estar de acuerdo en todo, tan solo estar ahí con una *"palabra a su tiempo"* (Proverbios 15:23). Te sorprenderá el bien que eso puede hacer. Cuando veas algo lindo en alguien, díselo. Tardarás solo un segundo, pero para esa persona el halago podría durar toda una vida.

Abre tu día a una vida de gratitud y verás cómo cambia todo tu mundo. La atmósfera de tu vida quedará impactada para siempre. Dar gracias no es solo una oración antes de comer; es la mejor manera de vivir.

Sé agradecido por lo que tienes. Tu vida, por muy mala que pienses que es, es el cuento de hadas de alguna otra persona. Al margen de cuán difícil se pueda volver tu vida, haz algo más que mantenerte fuerte; mantente agradecido. Deja de estresarte y reconoce todas tus bendiciones.

¿Cuentas tus bendiciones, o piensas que tus bendiciones no cuentan? Una persona es sabia cuando no anhela las cosas que no tiene, sino que está agradecida por las que tiene. ¿Tienes una actitud de gratitud? ¿Hoy?

Cicerón observó: "Un corazón agradecido no solo es la mayor virtud, sino el padre de todas las demás virtudes". Ser agradecido afecta cada área de tu vida. Max Lucado escribe: "El diablo no tiene que robarte nada; lo único que tiene que hacer es conseguir que lo des por hecho".

Si no estás agradecido por lo que tienes, ¿cómo crees que vas a ser más feliz con más? Francis Schaeffer dijo: "El comienzo de la rebelión del hombre contra Dios fue, y es, la falta de un corazón agradecido". Decir gracias no es una señal de debilidad, sino una señal de fortaleza. ¿Y si lo perdieras todo y después milagrosamente lo recuperaras? ¿Cuán agradecido estarías?

Si comparas continuamente lo que quieres con lo que tienes serás infeliz, pero si comparas lo que te mereces con lo que tienes serás feliz.

Ninguna obligación es más urgente que la de devolver las gracias. ¿Cuánto tiempo ha pasado desde que agradeciste a quienes tienes más cerca? ¿O a quienes te ayudan cada día?

¿A cuántos nos gustaría que llegaran personas a nuestra vida cada día con palabras de aprecio y positividad? Sé que a mí sí. A todos nos gusta que nos aprecien. La Palabra de Dios dice "obedeced... sabiendo que el bien que cada uno hiciere, ese recibirá del Señor" (Efesios 6:5, 8). Lo que haces por otros, Dios lo hará por ti. Las palabras de ánimo que siembras en otros tienen su manera de regresar a ti de nuevo.

William Arthur Ward dijo sabiamente: "Hay tres enemigos de la paz personal: el remordimiento por los errores del ayer, la ansiedad por los problemas del mañana, y la ingratitud por la bendición del presente".

Reemplaza el remordimiento por gratitud. Sé agradecido por lo que tienes, no lamentes lo que no tienes. Las personas exitosas toman lo que tienen, están agradecidas por ello, y después le sacan el máximo partido. El aprecio lo cambia todo. ¡La gratitud lo cambia todo!

¿Cómo sería tu vida (familia, relaciones, trabajo) si pasaras los siguientes veinte años estando genuina y profundamente agradecido? Por ejemplo, al margen del tipo de casa en la que vives, ¿no prefieres estar ahí en lugar de estar en el mejor hospital de tu ciudad?

¿Sabías que si tienes dinero en efectivo en tu cartera y una jarra en tu vestidor para poner las moneditas, eres considerado "próspero" por más del 90 por ciento de la población mundial? Si tienes comida en tu refrigerador, ropa extra además de la que tienes puesta, y un techo sobre tu cabeza en la noche, eres más afortunado que el 75 por ciento de las personas del mundo.[1] Piénsalo: en cualquier momento, mil millones de personas intercambiarían su lugar por el tuyo.

Una amiga mía recordó una conversación que tuvieron con un estudiante de intercambio de una nación pobre. Mientras comparaban y contrastaban sus experiencias en los Estados Unidos con las que tenía en su país natal, destacó: "Los estadounidenses se quejan de las cosas más bonitas".

Cuando sientas la tentación de quejarte, incluye a Dios en la ecuación.

Tú guardarás en completa paz a aquel cuyo pensamiento en ti persevera.   (Isaías 26:3)

Si las cosas no van bien, detente y da gracias por lo que tienes, porque Dios comienza con lo que tenemos para llevarnos de donde estamos a donde Él quiere que estemos.

Nunca dejo de sorprenderme por la fidelidad de Dios. Su amor es eterno; su gracia, abundante; su misericordia, nueva cada mañana; su único Hijo, ¡dado por nosotros!

Este es un poderoso consejo: comienza tu día con gratitud y termínalo con agradecimiento. ¡Hoy es día de acción de gracias! Cuenta tus bendiciones cada vez que puedas. Dedica un tiempo cada día a meditar en todo lo que tienes por lo que estar agradecido. Que al final de tus días no tengas que decir: "¡Qué vida tan maravillosa he tenido! Solo me gustaría haberme dado cuenta de ello y haberlo apreciado antes".

El Salmo 9:1 nos instruye:

Quiero alabarte, Señor, con todo el corazón, y contar todas tus maravillas.   (NVI)

¿Cómo sería tu vida si pasaras los próximos veinte años estando profunda y genuinamente agradecido con Dios y con los demás?

Los estudios han demostrado que, incluso la persona más introvertida, tendrá contacto con más de diez mil personas en su vida. Tan solo piensa en el impacto que puedes marcar para bien siendo amable y agradecido dondequiera que vayas.

Las palabras amables no cuestan mucho, y sin embargo consiguen mucho. Sacan lo bueno de otros. Las palabras de aprecio son una de las fuerzas más poderosas para bien. Por lo tanto, pon a viajar algunas palabras de aprecio. Nunca se sabe hasta dónde llegará el bien que pueden hacer.

21

TODO LO QUE TE CUESTE TU PAZ ES DEMASIADO COSTOSO

Había caído en la trampa moderna de hoy. Sí, me involucré en un debate en el Internet. Sabía perfectamente que nunca nadie había conseguido ganar un debate en las redes sociales, pero ahí estaba yo malgastando una preciosa escritura creativa para intentar convencer a alguien de que yo tenía la razón y ellos no.

Me di cuenta de que durante el día seguía pensando en esas conversaciones, y al darme cuenta, sentí el calor de la rabia en mi interior. Soñaba despierto con mis respuestas, y le estaba dando lo mejor de mi tiempo al peor uso de mi creatividad. Este tipo de pensamiento no era solo un desperdicio, sino también estaba infectando otras áreas de mi vida. Tenía que detenerlo.

En lo más alto de mi trampa, me encontré en un vigoroso debate con tres personas distintas. Mi decisión de participar en estas conversaciones improductivas me estaba robando mi paz. No culpé a esas personas; me culpé a mí mismo. Les había permitido entrar en mi vida, y eso tuvo un costo para mí. Sabía que no podía contentar a todo el mundo, ¡yo no era café! Sabía que tenía que cambiar mi mentalidad con acciones. Entonces descubrí las opciones *unfriend* (eliminar como amigo) y *unfollow* (dejar de seguir).

Con hacer clic a un botón, estas distracciones se fueron de mi vida al instante. Seguí adelante en paz. Ya no me preocupaba lo que esas personas dijeran o hicieran, y rápidamente me di cuenta de lo mucho mejor que era mi vida sin ver ni leer sus comentarios. Cuando los "borré", sentí paz de inmediato. Mi mente se acalló. Cuanto más se acallaba, más podía oír. Erin Plewes sugirió: "Escucha en el silencio. Tiene una gran historia que contarte".

Para encontrar paz, tienes que estar dispuesto a perder tus conexiones con personas, lugares y cosas que crean todo el ruido. Da ese paso. Piensa en alejarte de personas y situaciones que te desaniman, que amenazan tu paz mental, que rebajan el respeto por ti mismo, que minan tus valores, comprometen tu moral y disminuyen tu autoestima. Deja de responder a personas rudas, críticas y argumentativas, y después observa la paz que llegará a tu vida. Todo lo que te cueste tu paz es demasiado costoso.

Siempre he dicho: "No me peleo con personas feas porque ellas no tienen nada que perder". Pero aprendí que yo tengo algo que perder: mi paz. A veces necesitas poner un letrero que diga: "Cerrado temporalmente por mantenimiento espiritual".

Suceden cosas brillantes en las mentes en calma y despejadas. Sé pacífico y date permiso a ti mismo para crecer en fortaleza. Isaías 30:15 dice: "en quietud y en confianza será vuestra fortaleza". El silencio es una fuente de gran fortaleza. *"Les he dicho estas cosas para que confiando en mí sean inconmovibles y estén seguros, con una profunda paz. En este mundo despiadado seguirán experimentando dificultades, ¡pero anímense! Yo he vencido al mundo".* (Juan 16:33, MSG, traducción libre).

La paz interior no se produce al conseguir lo que queremos, sino al recordar quiénes somos en Cristo Jesús. Una de las decisiones más valientes que tomarás jamás es desconectarte finalmente de lo que produce el caos y el dolor en tu vida. Avanza hacia donde encuentras paz. Conecta con Dios y acepta esta promesa que viene de Él: *"Y la paz de Dios, que sobrepasa todo entendimiento, guardará vuestros corazones y vuestros pensamientos en Cristo Jesús"* (Filipenses 4:7).

22

EL MOMENTO CORRECTO ES EL MOMENTO CORRECTO

Por alguna razón, repentinamente, comencé a tener dolores de cabeza. No eran migrañas, pero eran muy molestos. Me molestaba mucho el ruido y la música, y el dolor no se iba.

Con el tiempo empecé a preocuparme por esos dolores de cabeza, así que fui a ver a un neurólogo. Me dijo que no eran un gran problema, pero me sugirió que hablara con un consejero. Nunca antes había visitado a un consejero, pero los dolores de cabeza ya me duraban meses, y estaban comenzando a superarme. Así que decidí hablar con un consejero.

Me reuní con un terapeuta llamado James (no es su verdadero nombre). Nunca olvidaré nuestro primer encuentro. Comencé a decirle exactamente lo que me pasaba. Me hizo algunas preguntas, y la reunión duró unos cuarenta y cinco minutos.

Recuerdo pensar: *No entiendo lo que ha pasado. Parece que simplemente hemos hablado, pero me siento un poco mejor.* Mi consejero me dijo que deberíamos vernos de nuevo cinco veces más, así que fijamos las citas.

Cada una de las sesiones de consejería que tuvimos después siguieron el mismo formato. Hablábamos durante quizá cuarenta y cinco minutos, y después me iba. Él me hacía preguntas razonables, nada demasiado invasivo o inquisitivo, pero parecía que me estaba ayudando. En la última sesión, me dijo que pensaba que tenía una solución que me funcionaría. ¿La solución? *No hacer nada.*

"¿No hacer nada? ¿Qué quieres decir con eso?".

Él me dijo: "Me refiero a que necesitas tomarte algo de tiempo para no hacer nada. Vete a un lugar en silencio y tranquilo, y no hagas nada".

Pensé: *Yo soy capaz de hacer eso. Creo que sí, bueno...*

Llegué a casa y se lo conté a mi esposa. "Linda, esto es lo que me ha sugerido el consejero sobre la base de las cinco sesiones de consejería que hemos tenido: que no haga nada".

Hice planes para quedarme en un departamento en un pequeño lago tranquilo de Florida. No me llevé mi computadora portátil, ni los palos de golf, ni nada; solo mi ropa y algo de dinero para comer.

Durante una semana lo único que hice fue dormir, caminar por el lago, y de vez en cuando ver una película. Lo más importante es que *no hice nada.* Regresé de mi semana alejado y me sentía mejor, pero no estaba bien del todo. Tras unos meses de apartar tiempo de vez en cuando para no hacer nada, los dolores de cabeza desaparecieron.

Estaba en una temporada de descanso, pero no me di cuenta al principio. Había estado avanzando a ciento treinta kilómetros por hora. Dios me había estado diciendo que frenara, pero yo no había escuchado. Quiero decir, ¿no es eso lo que hace un cristiano diligente? Enseguida me di cuenta de que había un propósito en mi temporada de descanso y espera.

Una de las verdades más grandes de la Biblia es que, *para todo*, hay una temporada en la vida. Este pensamiento me ha ayudado a obtener la perspectiva adecuada de dónde estoy ahora y dónde están los demás. Respeta la temporada de la vida en la que otros están. El personaje de cine Madea dijo: "Algunas personas llegarán a tu vida para toda una vida, y otras solo para una temporada. Tienes que saber quién es quién, y siempre meterás la pata cuando mezcles a esas personas temporales de tu vida con expectativas que son para toda la vida".

Cuidado con las personas que siempre tratan a todos igual y no respetan las temporadas en las que otras personas se encuentran.

Las etapas cambian. Según Christine Caine: "Dios nos poda cuando está a punto de llevarnos a una nueva temporada de crecimiento y expansión". No dejes que nadie te diga en qué temporada estás. Si lo permites, descubrirás que la etapa en la que dicen que estás probablemente estará en consonancia con sus necesidades, pero no necesariamente con las tuyas. Te sentirás fuera de temporada, como si llevaras puesto un traje de baño en pleno invierno.

Está bien decir que no. *No* es una palabra poderosa. Di no a los que no tienen tus mejores intereses en mente. Di no a los que solo ven en ti lo que pueden conseguir de ti, al margen de la temporada en la que estés.

No tengas tanta prisa en llegar a otra temporada que te pierdas lo que Dios quiere que aprendas sobre ti mismo aquí y ahora. Si agarras la flor, debes quedarte sin el fruto.

Cada siguiente temporada de tu vida demandará una versión distinta de ti. Solo Dios puede convertir una oruga en una mariposa y arena en perlas. Acepta la temporada que Dios tiene para ti.

¿Sabías que el mejor atajo que puedes tomar es hacer lo que Dios dice en su tiempo? Los atajos fuera de la voluntad de Dios invitan a transigir y crear conflicto y confusión.

Entiende que eres un corredor de larga distancia, no un velocista. Como corredor de maratón, no tienes que buscar atajos que abran la puerta a transigir.

Cuando conoces el tiempo y la voluntad de Dios, deberías obedecer al instante y actuar sin demora. Cuando Dios te dice que hagas algo, la demora es desobediencia. Me he dado cuenta de que lo siguiente es cierto: mientras más tardas en actuar sobre la base de lo que Dios quiere que hagas, más inciertas se vuelven sus directrices. Asegúrate de estar en la autopista de Dios y no en un callejón sin salida.

Nuestro Dios es el Dios de la velocidad. La velocidad tiene que ver con el tiempo y la dirección. Como estas dos cosas siempre van juntas, nunca es sabio actuar solo sobre una de las dos y sin la otra. Aprovechar la primera oportunidad raras veces conduce a un aterrizaje feliz. Salomón escribe: *"no te des prisa en llevarlo al tribunal, pues tu prójimo puede ponerte en vergüenza y al final no sabrás qué hacer"* (Proverbios 25:8, NBV). Incluso la dirección correcta tomada en el momento incorrecto es una mala decisión.

Por lo tanto, di sí a Dios ahora. Busca su tiempo y dirección. Cuando encuentres ambas cosas y actúes en consecuencia, te encontrarás justamente donde quieras estar.

23

¿CUÁNTOS AÑOS TIENE TU ACTITUD?

Una madre y un padre tenían gemelos de unos seis años de edad. Al ver que uno era totalmente pesimista y el otro totalmente optimista, los padres se preocuparon porque los niños habían desarrollado personalidades extremas, con lo que decidieron llevarlos a un psiquiatra.

Primero, el psiquiatra trató al pesimista. En un intento por animar su perspectiva, el psiquiatra lo llevó a una sala llena hasta el techo de juguetes nuevos. Pero, en lugar de gritar de alegría, el pequeño se puso a llorar.

"¿Qué sucede?", le preguntó el psiquiatra un tanto desconcertado. "¿No quieres jugar con ningún juguete?".

"Sí", dijo el pequeño mientras lloraba a gritos, "pero si lo hago, seguro que los rompo".

Después, el psiquiatra trató al optimista. En un intento por enfriar su perspectiva, el psiquiatra lo llevó a una sala llena hasta el techo de estiércol de caballo. Pero, en lugar de arrugar la nariz de disgusto, el optimista emitió un grito de deleite, lo que el psiquiatra había esperado oír de su hermano el pesimista. Entonces el optimista escaló hasta la cima de la montaña de estiércol, se puso de rodillas, y comenzó a cavar alegremente, puñado a puñado, con sus manos.

"¿Qué crees que estás haciendo?", le preguntó el psiquiatra, igual de asombrado con el optimista como lo había estado con el pesimista.

"Con todo este estiércol", respondió el pequeño con alegría, "debe haber un poni por aquí metido".[1]

Cuando no puedes encontrar la luz del sol, sé tú esa luz al margen de cuán fúnebre sea el pronóstico. No dejes que nadie apague tu chispa. Yo prefiero ser fastidiosamente positivo y optimista que destructivamente negativo y detestable. Lo que permitas que consuma tu mente es lo que controla tu vida.

Aquello en lo que pensamos, meditamos y contemplamos forma nuestra mentalidad, ya sea positiva o negativa. Somos lo que pensamos, y esa es una decisión que podemos tomar. No podemos controlar las circunstancias, pero podemos controlar cómo nos sentimos al respecto. Si pensamos en cosas excelentes, Filipenses 4:8 dice: *"Por lo demás, hermanos, todo lo que es verdadero, todo lo honesto, todo lo justo, todo lo puro, todo lo amable, todo lo que es de buen nombre; si hay virtud alguna, si algo digno de alabanza, en esto pensad"*. Llena tus pensamientos con las cosas correctas, y las cosas incorrectas no tendrán lugar donde posarse. No persigas la felicidad; créala.

Hasta ahora, has sobrevivido al cien por ciento de tus peores días. Un pequeño pensamiento positivo en la mañana puede transformar todo tu día. Pon todo tu empeño en entrenar tu mente para descubrir lo bueno en cada situación.

No arruines un buen día pensando en un mal ayer. Hoy es el día por el que has orado. Los milagros te alcanzan o pasan por tu lado cada día. Un día hermoso comienza con una mentalidad hermosa. La felicidad de tu vida está directamente conectada con la calidad de tus pensamientos. Una mentalidad positiva separa lo mejor del resto. La positividad gana. Suéltalo. No dejes que el mundo te endurezca. Ser negativo solo hace que un viaje difícil sea aún más difícil. Quizá te regalaron un cactus, pero no tienes por qué sentarte en él. Si no estás encendiendo ninguna vela, no te quejes por estar a oscuras. Si sigues contando la misma historia triste, terminarás viviendo la misma vida pequeña y triste. Jon Kabat-Zinn observó: "No puedes detener las olas, pero puedes aprender a surfearlas".

No todos los días serán buenos, pero hay algo bueno en cada día. Vigila tu actitud, ya que es lo primero que la gente nota de ti. Un bebé mosquito regresó de su primer vuelo y su papá le preguntó: "¿Cómo te sientes?". Él respondió: "¡Fue genial! ¡Todos me aplaudían!". Eso sí que es una actitud positiva.

Tú y yo somos responsables de los resultados que se producen en nuestra vida. Si queremos resultados distintos, tenemos que cambiar nuestros pensamientos y acciones. Por lo tanto, escoge la esperanza, pues todo es posible. Los pensamientos positivos deberían llevar a acciones positivas, lo cual conduce a resultados positivos.

Audrey Hepburn destacó: "Nada es imposible. Solo hay que deshacerse de las dos primeras letras". Imposible es solo una opinión. El apóstol Marcos escribe: *"Jesús le dijo: Si puedes creer, al que cree todo le es posible"* (9:23). Y Mateo 19:26 declara: *"Para los hombres es imposible —aclaró Jesús, mirándolos fijamente—, mas para Dios todo es posible"* (NVI). Lo imposible es donde Dios comienza.

Puedes decidir vivir en la fila del frente o en la última fila. Zig Ziglar dijo: "El pensamiento positivo te permitirá hacer todo mejor que el pensamiento negativo". Lleva a cabo una toma de poder en tu vida. Derroca al tirano de la negatividad y reemplázalo por una vida de esperanza.

Cuando las probabilidades son de uno entre un millón, sé tú ese uno. La pregunta no es quién te dejará hacerlo, sino quién te impedirá hacerlo. Nadie tuvo remordimientos por pensar lo mejor y esforzarse al máximo. Suceden cosas hermosas cuando te distancias de la negatividad y adoptas una mentalidad positiva.

24

NADA ES LO QUE PARECE. NADA.

En nueve ocasiones he tenido el privilegio de hablar en la excelente conferencia Increase Conference en Hawái, organizada por Bob Harrison, de Harrison International. Sé lo que estás pensando: eso es sufrir por Jesús, ¿verdad? Estos eventos se celebran en hermosos hoteles justo en el océano en Kauai y Maui o en la Isla Grande. Me lo paso muy bien, y mi esposa Linda viene conmigo, lo cual hace que sea mucho mejor.

Una vez, estuvimos en Isla Grande en un hotel que era excepcionalmente hermoso y popular para los turistas no solo de los Estados Unidos, sino también de Japón. El decorado reflejaba arte, estatuas y estructuras populares de ambas culturas. Había muchas estatuas de Buda de buen gusto, junto a muchos paisajes y mobiliario estadounidense.

Un día sofocante estaba sentado fuera, en la piscina. Al ser una persona robusta y con solo unos cuantos cabellos en la parte superior de la cabeza, resultó que estaba sentado con las piernas cruzadas, sin camiseta, en una zona de sombra. Después de tan solo unos minutos, vi a un grupo de seis parejas que me miraban, señalando hacia mí con el dedo y hablando entre ellos. Uno o dos minutos después, comenzaron a caminar solemnemente hacia mí. Cuando esas parejas llegaron delante de mí, cada uno se postró lentamente y comenzó a actuar como si me estuvieran adorando.

De acuerdo, estoy bromeando. Eso no sucedió.

Cada vez que estoy en Hawái y este "tipo con cuerpo de buda" cuenta esta historia, la audiencia hace una pausa, y después sueltan una gran risotada. Así que no pude resistir la tentación de compartirla contigo para decirte que lo que ves no es siempre lo que consigues. Como siempre digo: "Una buena fotografía es la que realmente no se parece a ti". El famoso entrenador de fútbol americano Lou Holtz dio en el clavo cuando dijo: "Nada es tan bueno como parece y nada es tan malo como parece. La realidad está siempre en algún punto intermedio". Nada es lo que parece, pero Dios es todo lo que Él ha dicho que es".

La vida está llena de opuestos, y ocurre lo mismo en la Biblia. De hecho, creo que una de las principales razones por las que se escribió la Biblia fue para enseñarnos a esperar lo contrario: fe en lugar de temor; paz en lugar de confusión; salud en lugar de enfermedad; la luz de Dios en lugar de oscuridad. Además, se nos enseña a ser humildes y entonces seremos exaltados; a mostrar misericordia para así ver que la misericordia regresa a nosotros; a dar, y nos será dado; a ser débiles para ser fuertes; a servir para convertirnos en líderes; y a ser el último para ser el primero. Opuestos.

Calvin Coolidge observó: "No necesitamos más capacidad intelectual; necesitamos más capacidad moral... No necesitamos más de las cosas que se ven; necesitamos más de las que no se ven". Según el apóstol Pablo: *"Así que no nos fijamos en lo visible, sino en lo invisible, ya que lo que se ve es pasajero, mientras que lo que no se ve es eterno"* (2 Corintios 4:18, NVI). Y sigamos el ejemplo de Smith Wigglesworth: "No me mueve lo que veo. No me mueve lo que siento. ¡Me mueve lo que creo!".

Lo invisible es más real que lo visible. Mira más allá de lo que ves, y esfuérzate por "ver lo que no se ve" en tu vida. El Dios invisible y el Espíritu Santo están obrando en tu vida.

25

HAY COSAS MEJORES EN CAMINO

Fui entrenador de baloncesto de equipos de secundaria. Sé que la gente que me conoce en persona no piensa automáticamente: *él entrenó equipos de baloncesto.*

A pesar de no dar la talla al medir un metro setenta y dos centímetros, me encantaba entrenar equipos de baloncesto. Y, por mucho tiempo, pensé que me ganaría la vida con ello. Me salía muy natural hacerlo. Como la escuela cristiana privada donde entrenaba no era miembro de la asociación atlética del estado, podíamos hacer prácticamente lo que quisiéramos.

Fui ayudante de entrenador por cuatro años, y teníamos el típico programa en el que jugábamos solo contra otras escuelas cristianas. Pero, cuando pasé a ser el primer entrenador, inscribí a nuestro equipo en siete torneos distintos y programamos partidos contra todas las escuelas públicas posibles. Jugábamos unos cuarenta y dos partidos al año, ¡y ganamos el 75 por ciento de esos partidos!

Tenía a chicos de toda la ciudad que querían jugar en mi equipo, y de repente me encontré en sus hogares hablando con sus padres para que vinieran a la escuela. Era una locura. Mi acuerdo con la escuela era solo como entrenador; no enseñaba, lo cual para mí era perfecto.

Mi entrenador ayudante también era el director atlético. Él nunca había entrenado a equipos de baloncesto antes, pero hacía lo que podía. Yo hacía todo lo que podía por desarrollar un programa estelar de baloncesto y crecer como entrenador.

Tras mi segunda temporada exitosa, armé todo un programa de liga de verano para nuestro equipo, comencé un programa de acondicionamiento para la temporada baja, y convencí a un exjugador de la NBA para que fuera entrenador voluntario. Asistí a una clase para entrenadores de alta categoría y anticipaba otra gran temporada.

Un par de días antes de que comenzara la escuela, recibí una llamada del superintendente de la escuela solicitándome una reunión. Al entrar en su oficina, pude sentir que algo no andaba bien. Tenía una expresión extraña en su mirada. Con voz temblorosa, me dijo que no entrenaría al equipo de baloncesto esa temporada. Me dijo que mi entrenador asistente había hablado con él y le había dicho que *Dios le había dicho que él debía ser el primer entrenador.*

Yo estaba dolido, enojado y confundido. Mi ayudante no había entrenado nunca. Yo entendía mejor que nadie cuán poco sabía él. También sabía que todos los entrenadores asistentes en los Estados Unidos "oyen una voz" que les dice que pueden y deberían ser el entrenador principal. Eso no significa que sea necesariamente la voz de Dios, y ciertamente no hace que sea cierto.

Le dije al superintendente que eso era un error. Su única respuesta fue: "Dios le habló, y no sabíamos que tú querías regresar". ¿En serio? Había sido su entrenador los dos últimos años y acababa de terminar de entrenar al equipo ese verano.

No había duda de que el programa era un éxito y avanzaba en la dirección correcta. Le dije que iba a hablar con el pastor (su jefe) sobre eso. Salí de la oficina, perplejo.

La reunión con el pastor comenzó con él dándome las gracias por entrenar, y después repitió la frase del entrenador asistente: "Dios le dijo que él tenía que ser el primer entrenador". Yo le respondí: "¡Todos los entrenadores asistentes en los Estados Unidos oyen esa voz!". Pero él no escuchaba otra cosa.

Finalmente le dije: "Tengo ganas de irme de esta iglesia, pero no lo voy a hacer". (Creo en correr *hacia* algo, no en *huir de* algo). Irme ofendido no es algo que yo quiera hacer.

El pastor dijo: "Si estamos cometiendo un error, te lo dejaremos saber y te volveremos a contratar". Yo dije que estaba bien y me fui, pero sabía en mi corazón que eso no sucedería.

La temporada comenzó en noviembre, y en diciembre ya estaban entrevistando a nuevos entrenadores. En febrero, habían contratado a otro entrenador que también era maestro a jornada completa. No volví a oír ni una palabra de nadie.

Estoy seguro de que no había mala intención por parte de nadie en la escuela, ni el pastor, ni mi entrenador ayudante. Mi relación con ellos siguió siendo buena por varios años después de aquello.

Lo más importante es saber esto: cuando te suceden cosas que están fuera de *tu* control, no significa que *Dios* no está en control.

El resumen es este: las personas harán lo que quieran hacer. Oirán lo que quieran oír y verán lo que quieran ver. Al fin y al cabo Dios está en control, incluso cuando una persona intente interponerse en su camino.

Nunca más volví a entrenar equipos de secundaria, pero Dios siguió obrando a mi favor, incluso aunque otros no lo hacían. El Señor me conectó después ese mismo año con el papá de uno de los chicos a los que entrenaba. Esa relación me llevó directamente al mundo editorial, donde aprendería a ayudar a los autores. También descubrí mi deseo de escribir libros. Como había entrenado en baloncesto, descubrí mi llamado más elevado fuera del baloncesto. Proverbios 19:21 dice:

Puedes hacer todos los planes que quieras, pero el propósito del Señor prevalecerá. (NTV)

Dios a menudo nos pone (o nos aparta) en un camino para llevarnos a algún lugar totalmente distinto del que esperábamos. Recuerda que Él está en control, sin importar lo que haga la gente. Él te llevará a donde quiera que estés *"en el momento oportuno"* (15:23) si no te rindes.

Sus planes siempre serán más grandes y más hermosos que los tuyos. A veces, no recibes lo que quieres porque hay algo mejor planeado para ti. Dios cierra puertas porque es tiempo de *avanzar.* Él sabe que probablemente no te moverás a menos que tus circunstancias te obliguen a hacerlo. Confía en la transición.

Esto es lo que yo hago: Acepta lo que es. Suelta lo que fue. Y confía en Dios con lo que será. Mañana podría ser el día por el que has estado orando. La vida te da otra oportunidad cada día.

Estas son unas promesas asombrosas de Dios:

Por la misericordia de Jehová no hemos sido consumidos, porque nunca decayeron sus misericordias. Nuevas son cada mañana; grande es tu fidelidad.

(Lamentaciones 3:22-23)

Cada día que vives, nuestro Padre celestial te da nuevas misericordias. No sé tú, ¡pero yo las necesito! Dale gracias cada día por su misericordia.

Después tuve el privilegio de entrenar a los equipos de baloncesto de mi hijo pequeño, David, según iba creciendo. ¡Llegó a jugar en primera división del baloncesto universitario! Más adelante llegó a ser entrenador de baloncesto a nivel de secundaria, y ahora es dueño del mayor negocio de entrenamiento de baloncesto de Oklahoma. Ha trabajado con más de treinta jugadores de la NBA y numerosos jugadores de baloncesto universitario.

Se dice: "El lugar donde estás hoy no es ningún accidente. Dios está usando la situación en la que estás ahora para moldearte y prepararte para el lugar al que te quiere llevar mañana. Confía en el plan de Dios aunque no lo entiendas".

Así que haz esta oración: "Amado Dios, si hoy pierdo mi esperanza, por favor recuérdame que tus planes son mejores que mi sueño más sublime". Martin Luther King Jr. dijo: "Debemos aceptar la decepción finita, pero nunca debemos perder la esperanza infinita".

Quizá no siempre entiendas por qué Dios permite que sucedan ciertas cosas, pero puedes estar seguro de que Él no está cometiendo ningún error. El camino de Dios es siempre mejor que el tuyo. Su plan es mucho mayor que tus planes. Su sueño para tu vida es más reconfortante, más satisfactorio y mejor de lo que nunca has soñado. Ahora, mantente abierto y deja que Dios lo haga a su manera.

26

CUESTIÓNALO TODO

Me encanta hacer preguntas. Tengo que admitir que a veces eso vuelve loca a mi esposa: una pregunta tras otra pregunta, y otra. He escrito dos libros sobre las preguntas, *Ask* (Pregunta) y *Why Ask Why* (Por qué preguntar por qué).

¿Alguna vez te has encontrado en una situación en la que no tenías la libertad de hacer una pregunta? ¿En un entorno donde el mismo hecho de hacer preguntas hacía pensar a los demás que estabas dudando o que no estabas "en el equipo"?

Gary Hopkins sugirió: "Las preguntas son solo ofensivas para quienes tienen algo que esconder". Sin embargo, la pregunta correcta puede cambiar la dirección de tu vida. Me alegra que supe cuál era la pregunta correcta que hacer.

Cuando estaba en mi último año de secundaria me ofrecieron una beca completa de cuatro años para estudiar en una prestigiosa universidad en Indiana. Era un honor para mí que me ofrecieran una oportunidad tan excelente.

Al mismo tiempo, solicité entrar en otra universidad que era cristiana en otro estado. Visité esa universidad un fin de semana, y recuerdo sentir una cercanía con Dios que nunca antes había sentido. Era una universidad nueva y creciente. Estaba muy lejos de casa, pero me emocionó la posibilidad de entrar. La mala noticia era que no me ofrecían ninguna beca, y ni siquiera me habían aceptado.

La universidad en Indiana me invitó a visitarles un fin de semana, lo cual incluía un día o dos en la residencia estudiantil, recorridos por todo el campus, y una atractiva presentación sobre por qué era la mejor universidad del estado. Me estaban reclutando como deportista. Era un campus muy hermoso con un temario de primera clase, y era *gratis*. Durante el fin de semana observé que tenían máquinas de cerveza en los pasillos y muchachas por todos lados en las residencias, y se corría el rumor... de que acudían allí *strippers*.

Recuerdo caminar yo solo por ese campus pensando: *¿Debería venir aquí o no?* Mientras meditaba en mi futura opción, se me ocurrió una pregunta que finalmente cambió mi vida.

Me pregunté: *¿Qué tipo de persona voy a ser dentro de cuatro años si vengo aquí en lugar de ir a la universidad cristiana?* En cuanto me hice esa pregunta, la respuesta fue muy obvia.

Quiero afirmar que Dios llama a personas a estudiar en escuelas seculares pero, en mi caso, y *en base a mi pregunta*, supe dónde debía ir. Escogí la universidad cristiana. La respuesta a esa pregunta fue un momento clave en mi vida. Conocí a mi esposa, establecí amistades para toda la vida, y aprendí sobre Dios de una forma que nunca habría aprendido si hubiera escogido la otra universidad.

Las preguntas son poderosas. Por desgracia, muchos líderes y organizaciones no las fomentan. Nunca te permitas apegarte o ser parte de algo que desaliente o no permita las preguntas.

Es una mala señal si no puedes hacer preguntas. Las preguntas producen crecimiento.

¿Acaso la verdad tiene miedo a las preguntas? No, la verdad recibe de buena gana las preguntas. Estas aportan respuestas y libertad.

Si vas a una escuela de primaria, encontrarás una clase llena de preguntones. Los niños preguntan: "¿Por qué el cielo es azul? ¿Por qué tenemos diez dedos en las manos y en los pies? ¿Por qué las aves no pueden hablar, pero les oigo cantar? ¿Por qué no tengo ojos en la nuca como oigo que la gente dice?". Hacen preguntas inquisitivas y perspicaces. Si hablas con la mayoría de las personas de mediana edad, ¡ya no encuentras eso! Han dejado de ser curiosos, han perdido algo que tenían en su infancia.

Un reconocido proverbio chino dice: "El que hace preguntas es necio por cinco minutos; el que no hace preguntas es necio para siempre". Tim Ferriss observó: "La manera de llegar a ser de primera categoría... es haciendo buenas preguntas".

Dios le preguntó a Moisés: "*¿Qué es eso que tienes en tu mano?*" (Éxodo 4:2). Dos cosas que todos tenemos en las manos son (1) nuestra historia y (2) nuestro don. Dios quiere que usemos ambos para su gloria.

Hazte estas preguntas:

Si todos en los Estados Unidos de América tuvieran mi nivel de espiritualidad, ¿habría un avivamiento en la tierra?

¿Sabe el diablo quién soy?

¿Se ha instalado el fracaso en mi cabeza?

¿Estoy huyendo de algo o corriendo hacia algo?

¿A quién tengo que perdonar?

¿Qué cosa imposible estoy creyendo y planeando hacer?

¿Hay algo que no puedo soltar que sé que debería?

¿Cuál es mi pensamiento más persistente?

¿Estoy haciendo lo que realmente quiero hacer?

¿Qué cosa buena me he comprometido a hacer y que tengo que dejar de hacer?

¿Soy conocido por no cumplir mis promesas?

¿Qué edad tiene mi actitud?

¿Qué influencias externas me están haciendo ser mejor? ¿Peor?

¿Lo que quiero asir es más grande que mi mano?

¿Me estoy volviendo común y corriente?

¿Cuándo fue la última vez que hice algo por primera vez?

¿Qué es una cosa que puedo hacer por alguien que no tiene la oportunidad de devolverme nada?

Hoy estás donde estás debido a las preguntas que te has hecho: las preguntas que te has hecho a ti mismo y las que has hecho a otras personas. Para llegar donde quieres estar, tienes que hacer las preguntas correctas. Las respuestas más importantes de la vida se encuentran al hacer las preguntas correctas.

27

¡DIVIÉRTETE (EN SERIO)!

Hace unos años atrás se me presentó una oportunidad interesante de ser maestro sustituto por varias semanas. Tenía ganas de que llegara el momento. Con antelación, había decidido seguir el temario concreto que me habían pedido, pero lo iba a presentar de una manera mucho más interesante, entretenida y divertida. Esperaba que los estudiantes y yo disfrutáramos la experiencia.

Pensaba que las cosas iban bien hasta que tuve un encuentro con la directora asistente. Iba caminando por el pasillo cuando oí una voz detrás de mí que dijo: "Sr. Mason, tengo que hablar con usted, ahora". Ella se puso a mi lado, me miró directamente a los ojos, y me dijo: "Tenemos un problema. Los niños se están divirtiendo demasiado en su clase, y en esta escuela no nos divertimos".

Quería preguntarle: "Lo que cree usted ¿es tan frágil y tan ineficaz que no puede disfrutar la vida con una sonrisa?", pero no lo hice. Lo que yo sabía, y que obviamente ella no sabía, era que está bien disfrutar la vida. Es correcto divertirse, sonreír, reír y pasar un buen tiempo.

Un rostro serio no es señal de una experiencia más espiritual. Intento seguir esta filosofía de vida; quiero contratar a una persona que silbe mientras trabaja. Me gusta cantar en la oficina, aunque sea principalmente un "ruido" gozoso.

Mi esposa Linda y yo nos reímos cada día. Incluso en las situaciones difíciles, nos reímos. Recuerdo que justamente después de haber sufrido una operación de corazón (sí, de las que te abren el pecho), tuve que pedirle que saliera de mi habitación del hospital porque estar juntos nos hacía reír, y cada sonrisa me provocaba dolor en medio del pecho. Tenemos ese tipo de relación en la que nos podemos sentar sin estar haciendo nada y seguir divirtiéndonos porque estamos juntos. Una sonrisa es una manera muy barata de mejorar nuestro aspecto, ¡y yo necesito toda la ayuda que pueda!

El viejo dicho es cierto: si te puedes reír de ello, puedes vivir con ello. Sabes que tu vida necesita un cambio cuando alguien te pregunta qué haces para divertirte y ni siquiera te acuerdas de cuándo fue la última vez que te divertiste. La vida es para disfrutarla, no para soportarla. Dale Carnegie reflexionó en lo siguiente: "La gente raras veces tiene éxito a menos que se divierta con lo que hace".

Divertirse no es poco espiritual. No siempre necesitas una razón lógica o bíblica para hacer todo en tu vida. Cuando te diviertes, estás guardando recuerdos. La vida en esta tierra solo se vive una vez. Entonces, ¿por qué no hacer lo que te hace feliz y estar con personas que te hacen sonreír?

Los cristianos deberíamos ser las personas más felices y entusiastas de la tierra. La palabra *entusiasmo* viene de la palabra griega *entheous*, que significa "Dios dentro" o "lleno de Dios". *"Bienaventurado el pueblo cuyo Dios es Jehová"* (Salmos 144:15).

Sonreír, que es prueba de que eres feliz y entusiasta, es una decisión. El entusiasmo, el gozo y la felicidad mejorarán tu personalidad y la opinión que la gente tenga de ti, y también te ayudarán a mantener una perspectiva adecuada de la vida. Helen Keller dijo: "Dirige tu rostro hacia la luz del sol, y no podrás ver la sombra".

Mientras mayor sea el reto que estés enfrentando, más entusiasta tienes que ser. Filipenses 2:5 dice: "*La actitud de ustedes debe ser como la de Cristo Jesús*" (NVI). Creo que Jesús era un hombre que tenía una sonrisa en su rostro y brío en sus pasos.

Tu actitud siempre les dice a otros lo que esperas a cambio.

Una sonrisa es un arma poderosa; puede romper el hielo en situaciones difíciles. Descubrirás que ser entusiasta es como tener un catarro; ambas cosas son muy contagiosas. Una sonrisa al día mantendrá alejadas a las personas negativas.

Muchas personas dicen: "Bueno, no es de extrañar que esas personas estén felices, confiadas y positivas; si yo tuviera su empleo y sus bienes, ¡también estaría feliz!". Ese pensamiento supone erróneamente que las personas de éxito son positivas porque tienen buenos ingresos y posesiones. Pero lo contrario puede ser cierto. Esas personas probablemente tienen buenos ingresos y muchas posesiones porque son personas positivas, confiadas y felices.

El gozo siempre inspira a la acción. Ningún logro significativo se ha conseguido nunca sin entusiasmo. El Señor promete en Juan 15:10-11: "*Si obedecen mis mandamientos, permanecerán en mi amor, así como yo he obedecido los mandamientos de mi Padre y permanezco en su amor. Les he dicho esto para que tengan mi alegría y así su alegría sea completa*" (NVI).

Tu vida no mejora por casualidad. Mejora por decisión. Escoge divertirte. Escoge la risa. Sonríe más; eso te añade valor. Y haz lo que dijo Mark Twain: "Perdona enseguida. Besa despacio. Ama verdaderamente. Ríete incontrolablemente".

28

NEGAR LA VERDAD NO CAMBIA LOS HECHOS

Más personas aprenderían de sus problemas si no estuvieran tan ocupadas negándolos. Esta mentalidad se ha convertido en una doctrina de la negación. En lugar de eso, enfrenta los hechos, pasa a la acción, y ve cómo Dios interviene a tu favor. Hice una llamada telefónica a un amigo al que sabía que no le iba muy bien. Comencé nuestra conversación preguntándole: "¿Cómo estás, Leon?".

Él empezó a hablar de manera ya programada, diciendo: "¡Todo va súper bien! ¡Estoy súper bendecido! ¡Todo fantástico!".

Dejé que terminara.

Después le pregunté: "Leon, ¿y cómo estás *realmente*?".

Él me dijo tranquilamente: "No muy bien".

"¿Cómo te puedo ayudar?", respondí. Ahora estábamos progresando.

Negar un problema no hace que desaparezca. Por lo general, solo lo empeora. ¿Cómo puedes arreglar algo si no sabes o admites que está mal?

Por desgracia, en muchos círculos cristianos no se nos permite tener problemas, o se supone que no debemos tenerlos. A veces, los líderes son los peores a este respecto. El problema con esta teología es que de lo único que pueden hablar ahora es de sus éxitos. No pueden hablar de sus dificultades, porque admitir que las tienen descubriría la realidad de que no siempre caminan en victoria.

Como resultado, tendemos a oír a los líderes hablar solo sobre sus puntos álgidos, lo cual crea una imagen distorsionada, una raza única de súper hombres y súper mujeres con poderes sobrenaturales. Nunca se desalientan, nunca tienen problemas, nunca les pasa nada malo. Se convierten en leyendas... erróneas.

¿Qué vas a hacer con tus problemas si se supone que no debes tener ninguno? ¿Cómo vas a resolver tus problemas si no se te permite admitir que los tienes?

Lo que no puedes decir se convierte en tu dueño. Lo que escondes te controla.

La persona más libre del mundo es la que no tiene nada que ocultar. No te engañes. Las personas no siempre son lo que "escriben" sobre sí en las redes sociales. El Dr. Steve Maraboli observó: "Puedes hablar con elocuencia espiritual, orar en público y mantener una apariencia santa... pero es tu conducta lo que revelará tu verdadero carácter".

Negar los hechos no hace que desaparezcan. Decir que algo es súper bueno cuando en verdad es súper malo es simplemente no decir la verdad. Negar que el hueso no sobresale no sana la fractura de tu brazo. La "doctrina de la negación" es hueca, y caminar *fingiendo* y no por fe nunca funciona. Este tipo de ideas puede llevar a la deshonestidad, el engaño, el fraude y la mentira.

Negar un problema nunca ayuda a resolverlo. La verdad al final siempre sale a la luz, por mucho que alguien intente esconderla o detenerla. La negación es solo una demora temporal de lo inevitable, lo cual, en los peores casos, es una airada decepción con Dios basada en una creencia imprecisa. La verdad es la verdad, aunque nadie la diga. Una mentira es una mentira, aunque todos se la crean. Siempre deberías ser capaz de decirle a tu esposo o a tu esposa exactamente cómo te sientes con respecto a todo. Y sé honesto con Dios; además, Él ya sabe lo que estás pensando.

A veces puedes saber más sobre una persona por lo que esconde que por lo que muestra. No decir algo o esconder algo a propósito es lo mismo que mentir. Tú y yo tenemos que caminar por *fe*, no por *fingimiento*. La honestidad siempre es la mejor política. ¿Cómo podemos ayudar a otros sin ella?

¿Cómo podemos confesarnos nuestras faltas unos a otros si todos dicen que no tienen problemas? ¿Cómo podemos crecer si no superamos los obstáculos que decimos que no tenemos? Sé sincero. Dios ya conoce los hechos y está listo para hacer que todos ellos te ayuden para bien.

29

PUEDES OÍR POR TI MISMO

Hoy, te doy permiso para ignorar a algunas personas; para borrar sus palabras y acciones en contra tuya y de tu mente; para borrar sus intenciones ocultas y reemplazarlas por el plan de Dios para *tu* vida, y no el de ellos. A veces, tienes que actuar como si algunas personas nunca se hubieran cruzado en tu camino.

La gente finalmente enseñará sus verdaderas intenciones. Por lo tanto, cuando alguien te muestre quién es realmente, no intentes pintar otro cuadro distinto.

Decir "no" y "ya no más" puede librarte de pensamientos de derrota, confusión y tiempo malgastado. La verdad es que Dios tiene un plan maravilloso para tu vida, y nada puede detenerlo salvo tú mismo. No todos tienen el derecho de hablar sobre tu vida.

Había una vez una princesa hermosa, independiente, segura de sí misma, que se encontró con una rana en un estanque. La rana le dijo a la princesa: "Yo antes era un hermoso príncipe hasta que una bruja malvada me lanzó un hechizo. Un beso tuyo, y volveré a convertirme en príncipe. Y entonces podremos casarnos, mudarnos al castillo con mi mamá, y tú podrás prepararme la comida, lavarme la ropa, educar a mis hijos, y sentirte feliz para siempre haciendo eso".

Esa misma noche, mientras la princesa cenaba ancas de rana, seguía riéndose y diciendo: "No lo creo".

He pasado gran parte de mi vida adulta siendo ejecutivo en el mundo editorial y autor. Imagino que eso es como ser director y actor. Ver ambos lados del mundo editorial es esclarecedor y a la vez frustrante.

Durante un tiempo fui director de una empresa editorial en Florida. Sentí que Dios me había llevado allí desde Tulsa para ayudar a darle la vuelta a la empresa. La editorial había tenido problemas durante años, y el propietario estaba pensando seriamente en cerrarla. Milagrosamente, Dios usó a nuestro equipo para hacer que la empresa fuera rentable en muy poco tiempo.

Después de casi tres años allí, comencé a sentir que mi tarea estaba llegando a su fin, y comencé a considerar otras posibilidades editoriales. Una de las oportunidades que se presentó fue empezar una nueva empresa con dos personas con las que había trabajado antes en el mundo editorial, junto a un amigo de toda la vida. Esta vez, yo sería el presidente y dueño de un 25 por ciento.

Mi anterior empleo con estos dos hombres había ido muy bien, salvo por un asunto. Mientras trabajaba para ellos, escribí y autopubliqué mi primer libro. Ellos lo distribuyeron, y se convirtió en uno de sus dos mejores éxitos de venta el primer año. Quizá pienses que todos estarían alegres por eso, pero no fue el caso, como descubrí después.

Un año después de que se publicó el libro y las ventas superaron los cien mil ejemplares, me llamaron a una reunión con el director general: mi jefe. Me dijo que tenía que hablar conmigo sobre mi libro. La reunión comenzó con un resumen de mis ventas y un extraño comentario. Me miró y me dijo: "El dueño quiere que sepas que si él hubiera sabido lo bien que se iba a vender tu libro, no habría querido que lo escribieras y lo publicaras". Yo estaba perplejo y confuso por esa afirmación.

Él continuó. "Siente que es un conflicto de intereses que estés empleado aquí y a la vez seas escritor".

Mi única respuesta fue: "¿Y qué hay de todas las personas a las que les ha ayudado mi libro? ¡Son cientos de miles!".

Él no respondió.

También sabía que la editorial había obtenido grandes beneficios con la distribución de mi libro, sin riesgo alguno para la empresa. Todo esto sucedió en un momento en el que la empresa tenía una gran necesidad económica. La casa editorial incluso me había pedido dinero prestado ese año para pagar una factura urgente de una empresa ¡que amenazaba con obligarles a declararse en bancarrota involuntaria!

Pensé que esa conclusión era muy extraña, y no veía nada negativo para nadie en el hecho de que mi libro se hubiera vendido muy bien. Sin embargo, el dueño y mi jefe creían lo que me dijeron. ¿Por qué empezaría ahora una nueva empresa editorial con ellos si aún tenían un problema con que yo fuera escritor? Era una buena pregunta, así que me reuní con ese propietario para el que había trabajado anteriormente y le pregunté. Él me miró a los ojos y me dijo que ya no sería un problema para él porque ahora yo sería propietario, como él. Con ese asunto resuelto, comenzamos la empresa. Me fui de Florida y me mudé de nuevo a Tulsa, ahora siendo co-propietario y presidente.

Las cosas avanzaban bien en nuestra nueva aventura. Algunos buenos escritores estaban mostrando interés y firmando contratos para publicar libros con nosotros. Entonces recibí una llamada de mi amigo de toda la vida y socio. Me dijo que necesitaba pasar por mi casa para reunirse conmigo *esa* misma noche. Me advirtió que, al día siguiente, los otros dos propietarios me iban a exigir que dimitiera y devolviera toda mi participación. ¡Decir que estaba perplejo se queda corto! ¡La empresa solo tenía tres meses!

Entré en la reunión al día siguiente sin saber qué decir o pensar. De inmediato, el hombre para el que había trabajado anteriormente me miró y me dijo: "Necesitamos que dimitas; Dios *me dijo* que no debes estar involucrado en la editorial. Sentimos que es un conflicto para ti ser autor y estar involucrado en la editorial".

Incrédulo, respondí: "¡A *mí* Dios no me ha dicho eso!". Sabía que este hombre o bien estaba mintiendo en mi cara ahora, o me había mentido en mi cara tres meses antes cuando empezamos la empresa. En cualquiera de los casos, estaba mostrando su verdadera identidad.

Yo no lo creía. Sin duda, no creía su frase de que "Dios me dijo". Dios no habla a través de personas con intenciones ocultas, y ciertamente Dios primero habla a la persona directamente.

Pero mi socio empresarial no cedía, ni tampoco el otro socio; y, mientras tanto, mi amigo de toda la vida se veía atrapado en medio. Sentí que habían jugado conmigo, que me habían mentido. Había arriesgado mucho y ahora me estaban obligando a salir.

Pensé: *¿Cómo puedes mentir a una persona en su cara y después usar el nombre de Dios para "sellar el trato"?* Eso era peligroso, y algo que yo nunca consideraría hacerle a nadie. (Después, mi amigo de toda la vida me dijo que le había visto usar esa misma frase de "Dios me dijo" con otras muchas personas).

Por fortuna, mi esposa Linda pudo ver las cosas claramente, y con amabilidad habló conmigo sobre cuál era el camino correcto a seguir. Nunca olvidaré lo que dijo: "Ellos te han mostrado sus verdaderas intenciones. No deberías asociarte con personas así. ¡Hemos sido librados! ¡Deberíamos celebrarlo!".

Me marché. No fue fácil. A corto plazo, vi que la empresa prosperaba sin mí. Me sentía solo, pero nunca dudé de que había hecho lo correcto. Sabía que trabajaba para mi Padre celestial, y creía que Él quería lo mejor para su hijo.

Si ves que te encuentras en la historia equivocada, cierra el libro y vete.

Saber cuándo marcharse es sabiduría. Ser capaz de hacerlo es valentía. Marcharte con la cabeza alta es dignidad.

Este es el resto de la historia. Unos años después, esa editorial se vio forzada a ser vendida por el banco que tenía su crédito, y su sociedad controlante presentó la bancarrota. La empresa editorial había estado cerca de irse a pique al menos en otras dos ocasiones. Todos sus accionistas (yo hubiera sido uno de ellos) perdieron millones de dólares individualmente porque habían tenido que avalar préstamos personalmente para mantener viva la empresa.

Esta es una buena lección: toma nota de los que no celebran tus victorias, y ciertamente no te asocies con ellos.

Pon a Dios primero. Has de saber que Él cuidará de ti al margen de las artimañas de la humanidad.

Finalmente, no todos querrán que tengas éxito. Algunas personas son celosas, deshonestas o avariciosas. Lo más importante, nunca creas la frase "Dios me dijo" de alguien que tiene intenciones ocultas. Si nuestro Padre celestial quiere comunicarse contigo, te garantizo que Él (probablemente muchas veces) intentará decirte su voluntad a ti primero.

Quizá alguien te ha mostrado sus verdaderas intenciones. Es tiempo de decir no a esa relación. No dejes que tu lealtad se convierta en esclavitud. Según Avinash Wandre: "Si no aprecian lo que aportas a la mesa... entonces deja que coman solos".

Algunas personas llegan a tu vida como bendiciones, y otras llegan a tu vida como lecciones. Estoy agradecido de que ese hombre mostrara sus verdaderas intenciones. Él me mostró exactamente la persona que yo nunca quisiera ser. Joyce Meyer escribe: "Si queremos desarrollar la habilidad de escuchar a Dios y ser guiados por su Espíritu, tenemos que empezar a tomar nuestras propias decisiones y confiar en la sabiduría que Dios ha depositado en nuestro corazón". Todos tenemos que borrar las voces que suenan en nuestra cabeza de personas que no quieren que tengamos éxito.

Sé que esta es una historia personal, y he sido sincero. Lo cuento para ayudarte. Si ves que te identificas con mi experiencia, es mi oración que las palabras dichas contra ti con mala intención no te sigan reteniendo. Libérate de ellas. Haz lo que sabes en tu corazón que debes hacer. Esta es tu vida, tu historia, tu libro. No sigas permitiendo que nadie más la escriba, y no te disculpes por las correcciones que hagas.

Beardsley Jones dijo esto: "¡Solo tienes una vida! ¿Cómo quieres gastarla? ¿Disculpándote? ¿Lamentándote? ¿Preguntando? ¿Odiándote? ¿Haciendo dieta? ¿Corriendo tras personas que no te ven? Sé valiente. Cree en ti mismo. Haz lo que te haga sentir bien. Corre riesgos. Solo tienes esta vida. Haz que tú mismo te enorgullezcas".

30

JESÚS NO DIJO: "SIGUE A LOS CRISTIANOS". DIJO: "SÍGUEME".

¿Recuerdas en la década de 1990 cuando la gente se ponía esas pulseras de goma con las letras WWJD (What Would Jesus do, en inglés, qué haría Jesús)? Era una forma nada sutil de declarar la fe de una persona. Deportistas, celebridades y personas de todas las edades las llevaban.

Charles Spurgeon, un reconocido predicador evangélico en Londres, usó la frase "¿Qué haría Jesús?" varias veces en un sermón el 28 de junio de 1891. A él se le acredita por lo general esta idea. Charles Sheldon la reiteró en su libro de 1896 *En sus pasos*, con el subtítulo: *¿Qué haría Jesús?*

La expresión fue tan popular, que se convirtió en un *snowclone* o cliché: "una fórmula verbal adaptada para reusarla cambiando solo unas pocas palabras a fin de que la alusión a la frase original se mantenga clara".[1] Las personas empiezan a decir: "¿Qué haría Reagan?" y "¿Qué haría Johnny Cash?". Los pacifistas decían: "¿A quién bombardearía Jesús?" y los ateos decían: "¿Qué haría Darwin?", mientras que los anunciantes decían: "¿Qué compraría Jesús?".

Incluso yo me uní a esa corriente.

Con el transcurso de los años, conocí a un líder cristiano con buenas intenciones, pero un poco controlador. Para estar cómodos, lo llamaremos Jonathan Lee. Yo solía decir que crearía una pulsera que dijera WWJLD: "¿Qué haría Jonathan Lee?". *Cada vez*, y me refiero a decenas de veces, que compartía mi idea de WWJLD con sus seguidores, inmediatamente se reían, asentían con la cabeza, y con una cierta expresión de afirmación en su rostro admitían que ellos también pensaban lo mismo de él.

Sí, debemos ser imitadores de Dios. Sí, podemos aprender de las victorias y los errores de otros, de sus ideas y experiencias. Sin duda, Dios usa a otras personas para ayudarnos y guiarnos. Pero no aceptes fórmulas de personas que quizá no tienen tus mejores intereses en mente y dicen: "Yo lo hice así, ¡y tú también deberías hacerlo igual!", o "Haz lo que yo hago, ¡y tendrás lo que yo tengo!". Bobadas.

Me gusta esta expresión: "Ten cuidado cuando sigas ciegamente a las masas. A veces la M es muda".

¿Alguna vez te has preguntado: *¿Qué pensaría el pastor Fulanito de esto, o qué haría la hermana* _____? en vez de considerar *¿Qué dice la Biblia? ¿Qué me ha mostrado Dios?*

Uno de mis dichos favoritos es de J. G. Stipe: "La fe es como un cepillo de dientes. Todos deberían tener uno y usarlo regularmente, pero no es una buena idea usar el de otro". Decide por ti mismo. Aprende por ti mismo. Responde por ti mismo. Steve Jobs aconsejaba: "Tu tiempo es limitado, así que no lo malgastes viviendo la vida de otra persona".

Está la voluntad de Dios *en* nuestra vida y la voluntad de Dios *para* nuestra vida. La voluntad de Dios en nuestra vida es la misma para todos. Él quiere que todos le conozcamos, le adoremos, caminemos en su perdón, y lleguemos al cielo (¡y mucho más!).

La voluntad de Dios *para* nuestra vida es distinta *para cada persona.* Quizá Dios quiere que tú vayas a Nigeria y fundes un orfanato; quizá otro no se siente llamado a ayudar con esa causa pero, en cambio, sí siente ofrecerse como voluntario en la misión de rescate de la ciudad, enseñar a los niños en su iglesia local, o ser el mejor gerente de Kentucky Fried Chicken de la historia.

Creo que cuando nos abrimos a WWJLD en lugar de "Qué haría Jesús", permitimos que otros se conviertan en nuestros ídolos. No todo lo que oyes de otros es lo que Dios está diciendo.

Muchas veces he orado por personas cuya principal fuente de dificultad era lo que otras personas les habían dicho o lo que habían hablado de ellos. Escuché las palabras negativas que habían dicho sobre ellos, y simplemente pregunté: "¿Quién te dijo eso?". Casi todas las veces respondían con el nombre de un amigo, padre, familiar, o compañero de trabajo. Es interesante que no creían realmente las palabras que les habían dicho, pero declaraban lo que otros decían que era cierto de ellos.

Una de las preguntas más poderosas que puedes hacer sobre cualquier cosa que crees es esta: "¿Quién lo dijo?". Porque, cuando lo haces, descubres si deberías creerlo o no.

Puedes estudiar, seguir e imitar a otros, pero nunca llegar a conocerlos realmente. Puede que difieran en cientos de cosas de lo que ves públicamente o de quiénes crees que son. La Biblia dice: *"No imiten las conductas ni las costumbres de este mundo, más bien dejen que Dios los transforme en personas nuevas al cambiarles la manera de pensar. Entonces aprenderán a conocer la voluntad de Dios para ustedes, la cual es buena, agradable y perfecta"* (Romanos 12:2, NTV).

Este es el reto para todos nosotros: no dependamos demasiado de otros en cuanto a nuestra dirección personal. Si lo hacemos, sentiremos que hemos perdido nuestro camino, pero realmente, solo hemos dejado que otro lo tome prestado.

Reclama tu cerebro. Piensa y descubre por ti mismo. Sigue a Jesús.

31

NO HAY EXCUSAS

El Sr. Jones llegó a la oficina una hora tarde por tercera vez en una semana, y se encontró a su jefe esperándolo. "¿Cuál es la historia esta vez, Jones?", le preguntó sarcásticamente. "Oigamos una buena excusa, para cambiar".

Jones suspiró. "Todo salió mal esta mañana, jefe. Mi esposa decidió llevarme en automóvil hasta la estación. Se preparó en cinco minutos, pero después se atascó el puente levadizo. Para no defraudarle a usted, crucé el río nadando lo más rápido que pude, y mire, tengo el traje empapado. Corrí hasta el aeropuerto, me subí al helicóptero del Sr. Thompson, aterricé sobre el Radio City Music Hall, y uno de los Rockettes me trajo hasta aquí a caballito".

"Tendrás que mejorar la historia, Jones", dijo el jefe, obviamente decepcionado. "No conozco a ninguna mujer que se prepare en cinco minutos".

A nadie le importan tus excusas; pero, vaya, cuánto pueden influenciar tu vida.

Darse por vencido, rendirse, fallar e incluso juzgar; todo comienza con una excusa. Nunca permitas que un obstáculo en tu vida se convierta en una razón para no hacer nada. "*Por tanto, no tienes excusa tú, quienquiera que seas, cuando juzgas a los demás, pues al juzgar a otros te condenas a ti mismo, ya que practicas las mismas cosas"* (Romanos 2:1, nvi). Los cristianos deberíamos ser personas que progresan, no que ponen excusas. Despiértate cada mañana y deshazte de todas tus excusas.

Las excusas te alejan de la realidad y casi siempre son falsas e incorrectas. En lugar de lidiar con la solución, tu mente se enfoca en cómo poder escapar de la realidad. Las excusas nublan tu mente y la llenan de incertidumbre. La justificación es el lenguaje de los aspirantes. Olvídate de las excusas. Aprende a admitir cuando metes la pata.

Si siembras, cosecharás. Por el contrario, si no plantas porque pones excusas, no cosecharás. Las excusas del presente son los lamentos de mañana vestidos con un disfraz.

Las explicaciones vacías ponen distancia entre tu sueño y tú. Las excusas ponen freno a tus metas. Añaden tiempo innecesario a la búsqueda de tus sueños y pueden hacer que te pierdas el tiempo de Dios. Las excusas siempre estarán ahí, pero las oportunidades no. Las excusas son para las personas que no quieren las cosas con ganas. Despiértate siempre con una sonrisa, sabiendo que hoy te divertirás logrando lo que otros tienen demasiado miedo de hacer.

No pongas excusas para el porqué no puedes conseguir hacer algo. Enfócate en todas las razones por las que debes hacer que suceda. No hay excusas, solo decisiones. Cuando pierdes todas tus excusas, descubres los resultados soñados. Puedes tener resultados o excusas… pero no ambos.

La determinación derrota a la justificación todas las veces. La explicación del *porqué* no hiciste no produce nada salvo demora, negación y decepción. Es como la versión adulta de la excusa de "el perro se comió mis deberes" que intentaste usar de niño. Despeja tu mente de este pensamiento improductivo. ¿Cuál es tu excusa favorita? ¿Cómo puedes reemplazarla por una decisión y una acción? Puedes tener cien razones por las que no has de hacerlo, cuando lo único que necesitas es una razón para hacerlo. Deja de defender el porqué no hiciste lo que sabes que deberías haber hecho. Sé más fuerte que tus excusas. El mañana es una tierra misteriosa donde se almacena el 99 por ciento de toda la productividad, motivación y logros humanos.

Siempre ha habido personas que han inventado excusas delante del Señor. Algunos sabían que su justificación no era cierta, mientras que otros realmente se creían sus propias razones.

Jesús contó una parábola sobre el gran banquete final y los hombres que fueron invitados a la mesa del Señor: *"Pero todos, sin excepción, comenzaron a disculparse. El primero le dijo: 'Acabo de comprar un terreno y tengo que ir a verlo. Te ruego que me disculpes'. Otro adujo: 'Acabo de comprar cinco yuntas de bueyes, y voy a probarlas. Te ruego que me disculpes'. Otro alegó: 'Acabo de casarme y por eso no puedo ir'"* (Lucas 14:18-20, NVI).

Estos hombres pusieron excusas y se perdieron la salvación. Todos cometieron el error de creerse sus razones en lugar de creer a Dios.

Moisés y Gedeón pusieron excusas al Señor; sin embargo, reconocieron que sus excusas eran inválidas. Cuando el Señor envió a Moisés al faraón, Moisés dijo:

Señor, yo nunca me he distinguido por mi facilidad de palabra —objetó Moisés—. Y esto no es algo que haya

comenzado ayer ni anteayer, ni hoy que te diriges a este ser-
vidor tuyo. Francamente, me cuesta mucho trabajo hablar.
—*¿Y quién le puso la boca al hombre? —le respondió el*
Señor—. ¿Acaso no soy yo, el Señor, quien lo hace sordo
o mudo, quien le da la vista o se la quita? Anda, ponte en
marcha, que yo te ayudaré a hablar y te diré lo que debas
decir   (Éxodo 4:10-12, NVI).

Cuando el Señor le pidió a Gedeón que salvara a Israel de los
invasores, Gedeón argumentó: "*Pero, Señor —objetó Gedeón—,*
¿cómo voy a salvar a Israel? Mi clan es el más débil de la tribu de
Manasés, y yo soy el más insignificante de mi familia. El Señor res-
pondió: —Tú derrotarás a los madianitas como si fueran un solo
hombre, porque yo estaré contigo" (Jueces 6:15-16, NVI).

No te escondas detrás de una excusa. Jesús dijo: "*Si yo no*
hubiera venido ni les hubiera hablado, no serían culpables de pecado.
Pero ahora no tienen excusa por su pecado" (Juan 15:22, NVI). Una
excusa te impedirá terminar la tarea que Dios tiene para ti. No
se lo permitas.

32

PERDONA A TUS ENEMIGOS; NADA LES MOLESTARÁ MÁS

Había una vez dos amigos que estaban caminando por el desierto. En algún momento del camino discutieron, y un amigo le dio una bofetada al otro en la cara. El que había sido golpeado se dolió, y sin decir nada, escribió en la arena: "Hoy, mi mejor amigo me dio una bofetada en la cara".

Siguieron caminando hasta que encontraron un oasis, donde decidieron ir a nadar. El que había sido golpeado se quedó atascado en el lodazal y comenzó a ahogarse, pero su amigo lo salvó. Tras recuperarse del incidente en el que casi se ahogó, escribió en una piedra: "Hoy, mi mejor amigo me salvó la vida".

El amigo que golpeó y salvó a su mejor amigo le preguntó: "Después de golpearte, escribiste en la arena, y ahora, has escrito en una piedra. ¿Por qué?".

El otro amigo respondió: "Cuando alguien nos hace daño, deberíamos escribirlo en arena, donde el viento del perdón puede borrarlo fácilmente. Pero cuando alguien hace algo bueno por nosotros, debemos grabarlo en piedra donde ningún viento podrá borrarlo jamás".

Aprende a escribir tus heridas en la arena y a grabar tus bendiciones en piedra.

¿A quién tienes que perdonar? Esta es una de las preguntas más poderosas y sanadoras que puedes hacerte. Quizá pienses que es una pregunta espiritual, pero también es una buena pregunta para el éxito, la relación, y la mentalidad.

Si quieres viajar lejos, viaja ligero. No incluyas tus pensamientos de envidia, celos, falta de perdón y venganza.

Muchas personas están atascadas porque se han ofendido. Jesús nos advirtió que esto nos sucedería en los últimos días. Él proclamó: *"Muchos tropezarán entonces, y se entregarán unos a otros, y unos a otros se aborrecerán"* (Mateo 24:10). ¿Ha habido algún momento más en la historia en el que tantas personas se enojaran con otras (la mayoría, personas a las que nunca han visto)? La ofensa está aquí para quedarse hasta que Jesús regrese, y todos debemos aprender el poder del perdón ahora más que nunca.

La falta de perdón hace mucho más daño al vaso en el que se almacena que al objeto sobre el que se vuelca. Sin perdón, la vida está gobernada por un ciclo interminable de resentimiento y venganza. ¡Qué desperdicio! No digas: "Bueno, tú no sabes lo que me hizo esa persona". Tan solo has de saber lo que te hará a ti la falta de perdón. Las únicas personas a las que debieras devolverles lo que te hicieron son las que te ayudaron. Esto es lo que he descubierto: las personas exitosas han encontrado la manera de no dejar que las cosas se les peguen.

Un domingo en la mañana antes de la reunión de la iglesia, las personas se estaban sentando en los bancos y hablando sobre sus vidas, sus familias, etc. De repente, el diablo apareció delante de la iglesia. Todos comenzaron a gritar y a correr hacia la entrada principal, tropezando unos con otros en un esfuerzo frenético por huir de él.

Enseguida, todos habían salido de la iglesia, salvo un anciano que permanecía sentado calmadamente en su banco, sin moverse, aparentemente ajeno al hecho de que el máximo enemigo de Dios estaba delante de él.

Eso confundió un poco a Satanás, así que se acercó al hombre y le dijo: "¿No sabes quién soy?".

El hombre respondió: "Sip, claro que lo sé".

Satanás preguntó: "¿No me tienes miedo?".

"Nop, claro que no", dijo el hombre.

Satanás estaba un tanto molesto con eso e indagó: "¿Por qué no me tienes miedo?".

El hombre respondió con calma: "Llevo casado con tu hermana por más de cuarenta años".

No dejes que se te peguen las cosas. Nunca subestimes el poder del perdón para soltarte y liberarte, a fin de que corras tras tus metas. No puedes adelantarte si estás intentando vengarte. Lo que importa es lo que ocurre en ti, no lo que te ocurre a ti. El perdón es esencial para unas buenas relaciones humanas. No puedes dar un abrazo si tienes los brazos cruzados.

Tu perdón a otros te asegura el perdón de Dios. Jesús dijo: *"Porque, si perdonan a otros sus ofensas, también los perdonará a ustedes su Padre celestial. Pero, si no perdonan a otros sus ofensas, tampoco su Padre les perdonará a ustedes las suyas"* (Mateo 6:14-15, NVI). El peso de la falta de perdón te mina por completo. Es una carga tremenda de llevar en la carrera que estás llamado a correr.

La falta de perdón conduce a la amargura, lo cual es un mal uso dañino de energía. Meditar en una situación negativa y tramar cómo vengarte desvía una cantidad importante de capacidad mental que no podrás usar para pensar productivamente. Si sigues quemando puentes, te quedarás aislado y solo, y tratarás con extraños y enemigos para el resto de tu vida. Construye puentes; no los quemes.

La venganza es una mala compañera de viaje. Cada cristiano está llamado a una vida de reconciliación (ver 2 Corintios 5:18). Intentar vengarnos malgasta tiempo y da como resultado la infelicidad.

Al trabajar con iglesias por toda América, he encontrado falta de perdón en cada situación de estancamiento. Y, por el contrario, he descubierto que las iglesias que crecen hablan sobre progreso futuro, no sobre problemas del pasado.

Nunca subestimes el poder del perdón para liberarte a fin de que cumplas tu llamado. El perdón es ese poder que tienes sobre una persona que te critica o murmura de ti. Mientras más camines en perdón, mayor será la distancia que pongas entre tú mismo y la situación negativa en tu mente.

El perdón te da un impulso en tu caminar espiritual y una nueva energía en la carrera de la vida. Perdonar es liberar al prisionero y descubrir que el prisionero eras tú.

33

LO QUE SALE DE TU BOCA ENTRA EN TU VIDA

Recientemente, vi una señal debajo de un cuadro de una perca atruchada que decía: "Si hubiera mantenido la boca cerrada, no estaría aquí". ¡Qué cierto es! No te metas en problemas por la boca. Lo que decimos es importante. El libro de Job nos recuerda: "*¡Cuán eficaces son las palabras rectas!*" (6:25). Di la verdad incluso aunque te tiemble la voz.

Permíteme plantear esta pregunta: comenzando hoy mismo, ¿qué sucedería si cambiaras lo que dijiste sobre tu mayor problema y tu oportunidad más significativa?

Es curioso cómo un mensaje, una canción, una verdad, un error, una mentira, una palabra y una persona pueden cambiar tu estado de ánimo en un segundo. No sé si has tenido esta conversación o no, pero el mes pasado me volteé hacia mi esposa Linda, mientras estábamos sentados en el salón, y le dije: "Solo para que lo sepas, nunca quiero vivir en un estado vegetativo dependiendo de una máquina. Si eso me ocurre alguna vez, tú desenchufa". Ella se levantó de inmediato, se acercó al mueble, y desenchufó el televisor.

Nuestras palabras crean nuestros mundos. Alguien dijo en una ocasión: "Las palabras son gratis. Cómo las usamos es lo que puede tener un costo".

Tus palabras tienen el poder de encender fuegos o apagar la pasión.

No seas como el hombre que se fue a vivir a un monasterio en el que solo permitían a los monjes decir dos palabras cada siete años. Cuando pasaron los primeros siete años, el nuevo monje se reunió con el abad, quien le preguntó: "Y bien, ¿cuáles son tus dos palabras?".

"Comida mala", respondió el hombre, el cual después volvió a su silencio.

Siete años después, el clérigo preguntó: "¿Cuáles son tus dos palabras ahora?".

"Cama dura", respondió el hombre.

Siete años más tarde, veintiún años después de su entrada al monasterio, el hombre se reunió con el abad por tercera y última vez. "¿Y cuáles son tus dos palabras esta vez?", preguntó el abad.

"Me voy".

"Bueno, no me sorprende", respondió el clérigo disgustado. "¡Lo único que has hecho desde que entraste aquí ha sido quejarte!".

Lo que reclamas tiene el poder de regresar y reclamarte a ti.

Proverbios es cierto en lo que dice:

La muerte y la vida están en poder de la lengua, y el que la ama comerá de sus frutos.   (18:21)

Por lo tanto, no subestimes el poder de tus palabras. El diablo no lo hace. Usa las palabras correctas, y pueden mover montañas; pero las palabras erróneas pueden producir muerte y destrucción. Lo que se dice no carece de poder ni de significado.

Controla tu lengua y decide declarar lo que dice la Palabra de Dios sobre tu vida, tus oportunidades y tus obstáculos.

Uno de mis versículos favoritos para orar cada día viene de Salmos 19:14:

> *Sean gratos los dichos de mi boca y la meditación de mi corazón delante de ti, oh SEÑOR, Roca mía y Redentor mío.* (RVA)

Las palabras que dices se convierten en el mundo en el que vives. Por lo tanto, piensa antes de hablar, porque las palabras que dices solo se pueden perdonar, no olvidar.

> *Aun el necio, cuando calla, es contado por sabio; El que cierra sus labios es entendido.* (Proverbios 17:28)

Nunca hables desde el odio, los celos, el enojo o la inseguridad. Un minuto de paciencia cuando estás enojado te ahorrará días de remordimiento. Evalúa tus palabras antes de dejarlas salir por tu boca. A veces es mejor quedarse callado.

Tony A. Gaskins Jr. dijo: "Cuidado con las palabras que dices, es mejor que sean dulces... nunca sabes cuándo podrías tener que comértelas". Hay mucha verdad en lo que nos enseñaron nuestros padres: si no tienes nada hermoso que decir, no digas nada. A fin de cuentas, la sabiduría se puede mostrar tanto por lo que no dices como por lo que dices. *"Si se enojan, no pequen... ni den cabida al diablo... Eviten toda conversación obscena. Por el contrario, que sus palabras contribuyan a la necesaria edificación y sean de bendición para quienes escuchan"* (Efesios 4:26-27, 29, NVI).

Lo que dices influencia a otros, para bien o para mal. Las palabras que dices duran más de lo que piensas. Yo he experimentado esto de primera mano, muchas veces. Casi cada mes, alguien me dice: "John, tú dijiste _____ o me animaste a _____ o escribiste _____ y eso impactó mi vida". Gracias a las palabras, he visto suicidios que no se han llegado a materializar, matrimonios restaurados, empresas que prosperaron, y vidas entregadas al Señor. Así que piensa antes de hablar. Nunca dejes pasar la oportunidad de dar *"la palabra a su tiempo"* a otra persona, como dice Proverbios 15:23. Tu pequeño comentario podría tener un impacto duradero. Proverbios 12:14 promete: *"Las palabras sabias producen muchos beneficios"* (ntv). Pronuncia palabras que produzcan vida tanto para ti como para otros.

He oído decir: "Antes de suponer nada, entérate de los hechos. Antes de juzgar, entiende el porqué. Antes de herir a alguien, siente. Antes de hablar, piensa".

Proverbios 21:23 aconseja:

Cuida tu lengua y mantén la boca cerrada, y no te meterás en problemas.   (ntv)

Frecuentemente, lo que nos decimos en medio de la agitación suma al problema en lugar de ofrecer una solución para resolverlo. Deja de hablar mal de ti mismo una y otra vez. La repetición es persuasiva. Si alguien te hablara como tú mismo te hablas, le habrías apartado de tu vida hace mucho tiempo. En lugar de eso, cuéntale a Jesús tus problemas. A Él le encanta escucharte.

"Destacados investigadores de la conducta nos han dicho que hasta el 77 por ciento de todo lo que pensamos es negativo, contraproducente, y que actúa en contra nuestra. Al mismo tiempo, investigadores médicos han dicho que hasta el 75 por ciento de todas las enfermedades son autoinducidas", observó Shad Helmstetter.

Tu manera de hablarte a ti mismo es importante. El famoso pintor Vincent van Gogh dijo: "Si oyes una voz dentro de ti que dice: 'No puedes pintar', entonces pinta más que nunca y esa voz se callará". Nunca te digas nada que no quieras que sea cierto. Ten cuidado con cómo te hablas a ti mismo, porque tú estás escuchando. En cambio, háblate como hablarías a una persona a la que quieres mucho. La persona más influyente con la que hablarás todo el día eres tú.

34

DEJA DE DETENERTE A TI MISMO

Un domingo en la mañana, el pastor observó que el pequeño Ronny estaba de pie en el vestíbulo de la iglesia mirando fijamente una placa grande. Estaba llena de nombres y tenía pequeñas banderas de los Estados Unidos a cada lado del marco.

El niño de seis años había estado mirando la placa durante un buen rato, así que el pastor se acercó, se puso junto al pequeño, y le dijo tranquilamente: "Buenos días, Ronny".

"Buenos días, pastor", respondió él, aún enfocado en la placa. "Pastor, ¿qué es esto?".

El pastor respondió: "Bueno, hijo, es un recordatorio de todos los jóvenes que murieron en acto de servicio".

Seriamente, permanecieron allí juntos mirando la gran placa.

Finalmente, la voz del pequeño Ronny, apenas audible y temblando de miedo, dijo: "¿Qué servicio, el de las 8:00 o el de las 10:30?".

Asombrosamente, como el pequeño Ronny, es fácil crear instantáneamente preocupación que nunca antes había existido sobre la base de un pensamiento incierto o equivocado. ¿Qué representa tu mayor amenaza? ¿Un competidor, tu pasado, una restricción física, un familiar, u otra cosa? La forma más fácil de responder esa pregunta es ir a buscar un espejo y girarlo hacia ti mismo. Es muy fácil desechar tus sueños más elevados sin tan siquiera dar el primer paso.

Todos somos hombres y mujeres que nos hemos hecho a nosotros mismos: nosotros causamos el caos en el que estamos, y muchas veces lo hicimos todo nosotros solos. No crees tu propia tormenta y después te quejes por el barro. Seth Godin dijo: "Tan solo imagina todo lo que habrías hecho si dejaras de sabotear de forma activa tu propio trabajo".

La vida es demasiado corta para malgastarla luchando contra ti mismo. Cada día, Dios piensa en ti. Cada hora, Dios cuida de ti. Cada minuto, Dios se interesa por ti. Porque, cada segundo, Él te ama.

La clave es aceptar la felicidad sin autosabotaje. No seas el arquitecto de tu propia destrucción. A veces tienes ganas de decir: "Hoy vi al diablo, y se parecía mucho a mí". Tú eres tu problema y tu solución. Según el Dr. Steve Maraboli: "El día más liberador y reconfortante de mi vida fue el día que me liberé de mi propio sinsentido autodestructivo".

Cuando no crees en ti, de una forma o de otra te saboteas a ti mismo. No te digas que no puedes; en cambio, pregúntate: "¿Y si puedo?". Jenna Galbut observó: "Me resulta extremadamente liberador ver que yo era la causa de todos mis problemas. Al darme cuenta de eso, también aprendí que yo soy mi propia solución. Este es el gran regalo de rendir cuentas de manera personal. Cuando dejamos de culpar a las fuerzas externas y admitimos nuestra responsabilidad, nos convertimos en los creadores máximos de nuestro destino". Rehúsa rendirte contigo mismo y con Dios.

No te autosabotees cuando te pase algo bueno porque sientes que no te lo mereces. La verdad es que Jesús dijo en Juan 10:10: *"yo he venido para que tengan vida, y para que la tengan en abundancia"*. La Biblia también dice: *"Amado, yo deseo que tú seas prosperado en todas las cosas, y que tengas salud, así como prospera tu alma"* (3 Juan 1:2).

¿Qué mentiras te crees acerca de ti mismo? ¿Qué mentiras te sigues diciendo? ¿En qué área de tu vida te estás envenenado? Ten cuidado con lo que te pones de acuerdo.

"Sobre toda cosa guardada, guarda tu corazón; Porque de él mana la vida" (Proverbios 4:2). Decide hoy que hay algo que vas a hacer o dejar de hacer. Como dice el viejo dicho: "¿Por qué sigues en la cárcel cuando la puerta está abierta de par en par?".

Deja de preocuparte por si caes bien a otras personas. ¿Te caes bien a ti mismo?

"Yo soy; dos de las palabras más poderosas, porque lo que pones detrás de ellas moldea tu realidad", dijo Bevan Lee. Tú oyes y recuerdas lo que te dices a ti mismo.

En realidad, no es tanto tú contra el mundo; es principalmente tú contra ti mismo. Con Dios a tu lado y su Palabra en tu corazón, ¡puedes derrotar el autosabotaje!

NOTAS

CAPÍTULO 2

LOS DIAMANTES FALSOS PARECEN PERFECTOS, PERO LOS DIAMANTES AUTÉNTICOS TIENEN DEFECTOS

1. "Perfectionism", Psychology Today, consultado en línea 3 de septiembre de 2021, https://www.psychologytoday.com/us/basics/perfectionism.

CAPÍTULO 3

SI DIOS TE ESTÁ HACIENDO ESPERAR, PREPÁRATE PARA COSAS GRANDES

1. Morgan Shoaff, "10 Words Stuck with Mr. Sonnier for 15 Years. They Turned Him from Janitor to Principal", Upworthy, 9 de septiembre de 2015, consultado en linea: https://www.upworthy.com/10-words-stuck-with-mr-sonnier-for-15-years-they-turned-him-from-janitor-to-principal.

2. Shoaff, "10 Words".

CAPÍTULO 5

QUERIDO ESTRÉS, ROMPAMOS NUESTRA RELACIÓN

1. "Any Anxiety Disorder", Instituto Nacional de Salud Mental, consultado en línea 7 de septiembre de 2021, https://www.nimh.nih.gov/health/statistics/any-anxiety-disorder.

CAPÍTULO 20

LO MEJOR QUE APRECIAR EN LA VIDA ES LOS UNOS A LOS OTROS

1. Cruz Roja Canadiense, We Are the Lucky Ones, consultado en línea 9 de septiembre de 2021, https://www.redcross.ca/crc/ documents/What-We-Do/Emergencies-andDisastersWRLD/ educationresources /luckyonespovdisease.pdf.

CAPÍTULO 23

¿CUÁNTOS AÑOS TIENE TU ACTITUD?

1. Adaptado de Tatiana Morales, "Writing for Ronald Reagan", CBS News, 30 de julio de 2003, Consultado en línea: https:// www.cbsnews.com/news/writing-for-ronald-reagan/.

CAPÍTULO 30

JESÚS NO DIJO: "SIGUE A LOS CRISTIANOS". DIJO: "SÍGUEME"

1. Dictionary.com, s.v. "snowclone", consultado en línea 13 de septiembre de 2021, https://www.dictionary.com/browse/ snowclone.

John Mason es un escritor de éxitos de ventas internacional, ministro, ejecutivo, autor, coach, editor y destacado conferencista. Es el fundador y presidente de Insight International e Insight Publishing Group. Ambas organizaciones están dedicadas a ayudar a las personas a alcanzar sus sueños y cumplir el destino que Dios les ha dado.

Ha escrito treinta libros, entre los que se incluyen *Un enemigo llamado promedio; Usted nació original, no muera como una copia; Suéltese de lo que le detiene; Proverbs Prayers; Believe You Can;* y *Conozca sus límites y luego ignórelos,* que han vendido más de dos millones de ejemplares y se han traducido a cuarenta idiomas. Sus libros se consideran generalmente como una fuente de sabiduría piadosa, motivación bíblica, y principios prácticos. Sus escritos se han publicado en el *Reader's Digest* y en otras muchas publicaciones nacionales e internacionales. Además, siete de sus libros han llegado a ser el número uno en la lista de éxitos de ventas de Amazon.

Ha sido presidente de dos empresas editoriales cristianas. Es también exvicepresidente y editor de Thomas Nelson, la sexta editora más grande del mundo y la más grande editorial cristiana.

Como autor ejecutivo, entrenador y editor reconocido, ha ayudado a muchos escritores destacados con sus libros por más de treinta años. Además, se han beneficiado de su conocimiento políticos, jugadores de la NBA, NFL, PGA y MLB, una medallista olímpica, otros atletas profesionales, millonarios, empresarios, pastores, ministros, autores éxitos de ventas del *New York Times*, un CEO de Fortune 500, un Navy SEAL, un piloto de combate y un gobernador de Texas.

Conocido por su agudeza, pensamientos poderosos e ideas brillantes, es un conferencista popular en todos los Estados Unidos y el mundo.

John y su esposa Linda, y sus cuatro hijos, residen en Tulsa, Oklahoma.

CONTACTA CON EL AUTOR

John Mason acoge la oportunidad de hablar en iglesias, conferencias, y diversos entornos de negocio. Para más información, organizar una charla de John Mason, o servicios de coaching y editoriales del autor, por favor contacta con:

John Mason

Insight International Inc.

contact@freshword.com

www.freshword.com

(918) 493-1718

Encuentra más sabiduría de

John Mason

freshword.com